不安・孤独・健康と生命倫理

平塚儒子 編著

時潮社

目　次

日本と中国社会にみる社会の急激な変化が及ぼす「孤独」

4

日本と中国社会にみる
社会の急激な変化が及ぼす「孤独」

元帝塚山学院大学人間科学部教授　平塚儒子

　「社会的孤立や孤独」は高齢者にとって見逃すことのできない社会問題であるとされる。その高齢者の孤独問題は、家族の高齢者を守る機能がくずれ、社会機能が、高齢者に安心して暮らせる社会機能をいかに整えるかは、いまだ課題である。しかしながら、近年は世界中にコロナの感染症の恐怖にさらされている中で、人々の健康や貧困は国家管理だけでは阻止できないディレンマである中で、「孤立・孤独問題」は、高齢者のみではなくなってきている。なお、中華人民共和国の人口抑制のための、一人っ子政策による少子化を招いた高齢化、日本の少子高齢社会が若者の社会性が「孤立」を招く結果に注意を払う必要が生じてきている。

　マザーテレサは、「最もひどい貧困は孤独であり、愛されていないという思いである」と述べている。日本のお金のことで心配する、モラトリアム状態、心配事があって眠れないは、つながりの欠如、孤独が隠れている。

　中華人民共和国のモラトリア状態、お金のことで心配する、生きがいをなくしている、挫折をしている者に孤独と制度の壁が隠れていた。

　日本では600名の大学生と住民を対象に調査を実施した。解析方法は１次集計の後にクロス集計を実施して、χ^2の結果から有意の差のあった者をデータとして表した。中華人民共和国天津市では、現地の天

津師範大学の協力のもと、500名の住民に調査を実施した。

1．中国の孤独を感じる出生推移と中国の社会の出来事

　中国天津市の孤独感を有する出生年代者は、日本より年齢は若く、最多は1990〜1993年の79.5％であり、次いで、1960〜1969年では孤独者は、72.3％で、最少は1980〜1989年43.7％であった。

　1949年10月 1 日、北京の天安門で中国の成立式典が実施された。朝鮮戦争で、中国は毛沢東の息子をはじめ、多くの戦死者を出しながら、国民全体の高揚をあげた。人民公社は農民の集団化を推し進め、農業だけでなく、工業、商業、文化、教育、軍事まで結びつける効率性と平等性を重視した措置であった。しかし1958年からの 3 年間で約1,600万人から2,700万人の大量の餓死者を生む事態となったとされる。[1]

　孤独の最多の1990年代における社会の出来事についてみると、1992年、中国は韓国と国交樹立し、1993年には中国国家主席は江沢民が就任する。1995年、中国は地下核実験に成功する。1998年、江沢民国家主席が初来日した。また1990年代末は農村からの出稼ぎ労働者が急増した時代であった。

　次いで多かった1960年は中国とインド国境武力衝突し、1964年に中国は原爆実験を実施した。

　1964年フランスは中国を承認した。1966年には中国文化大革命が起き、毛沢東思想を唱える若者たちによる紅衛兵旋風があった。1967年、中国初の水爆実験を実施。1968年に中国劉少奇国家主席が失脚する。1969年 3 月、東北の国境を流れる川の中州ダマンスキー島（珍宝島）で、中ソの武力衝突が起こるに及び危機に見舞われ、アメリカの接近が図られ、1972年米ニクソン大統領が訪中し、続いて日本の田中角栄

首相の訪中が実現して、日中国交正常化を向かえた。1971年、中国は国連参加。1980年中国反革命集団＝四人組の裁判。1984年、中国オリンピックの参加。1989年には北京天安門事件の悲劇があった。[2]

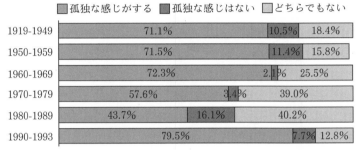

図1　中国天津市の孤独な感じがする出生年代推移

孤独な感じがする　孤独な感じはない　どちらでもない

出生年代	孤独な感じがする	孤独な感じはない	どちらでもない
1919-1949	71.1%	10.5%	18.4%
1950-1959	71.5%	11.4%	15.8%
1960-1969	72.3%	2.1%	25.5%
1970-1979	57.6%	3.4%	39.0%
1980-1989	43.7%	16.1%	40.2%
1990-1993	79.5%	7.7%	12.8%

2015年中国天津市に対して平塚が調査　n＝466　**　p＜0.0001

2．日本人の孤独を感じる出生年代推移と日本の社会の出来事

　1980〜1989年の出生者の約6割弱の者が"お金のことで心配する"時代の景気は1980〜1983年の低成長時代の不況があって、その後1986〜1991年はバブル景気となり、円高で、時価高騰をきたした時代であった、バブルの崩壊、そして1991年からの平成不況と日本の経済状況は大きく変化した。1998年には金融破綻して、銀行や企業が倒産した時代でもあった。バブル崩壊後の平成の大不況において、金融機関は不良債権に苦しみ、金融機関の破綻は現実のものとなり、銀行の再編成が進んだ。ロッキード事件やリクルート事件をはじめ政治不信を招く政治家の不正が続いた。

　このような時代の流れの変化は、日本人の持つ精神的な深層基盤に、人々の考え方や価値観に、多大の影響を及ぼしたと考えられる。1980

〜1989年の孤独を感じる最多の時代56.8％は、低成長時代の不況、その後はバブル景気、円高で、時価高騰をきたした。次いで、1990〜1993年44.0％、1960〜1969年40.9％、1950〜1959年36.7％、1970〜1979年33.7％、最少は1919〜1949年27.3％であった。

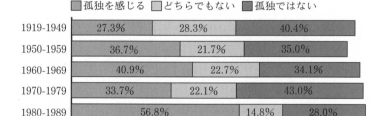

図2　日本人の孤独を感じる出生年代推移

2015年平塚が日本人に対して調査　n＝596　**　p＜0.001

2－1　他者の視線とともに生活してきた日本人と人とのつながり

　近年、国際化の流れの中で違いを乗り越えて、多様性を受容できる柔軟な文化が求められているが、現在も学校システムは同質性を前提とした教育がなりたっている。

　日本の子どもたちは、少子化による両親の過剰に干渉されて育っために、友達が少なく、人とのつながりが少なく、その後は、配偶者や異性の付き合いに満足できず、恋愛対象からも外されている。

　遊びは楽しさを追求する活動であり、それは言語発達や社会性の発達、空想といった認知発達には重要である。しかし、筆者の調査において、子ども時代「遊びの参加ができない、嫌なことを拒否できない」者と、「孤独である」関係で、「遊びの参加ができない、嫌なことを拒否できない」者の最多は「孤独を感じる」31.8％で、次いで「孤独を

感じない」23.3％、最少は「どちらでもない」21.0％であった。

　現在の屋外の遊びで子どもたちに好まれているのは男児ではサッカーが多く、女児ではボール投げと鬼ごっこが比較的多い。近年は屋内でのテレビゲーム、コンピュータゲーム、カードゲームなどで遊ぶことが多くなった。

　何も刺激のない状態でおかれると、2〜3日で「イライラ」し始めて、「幻覚や妄想」に悩まされ、精神機能に異常をきたしてしまい、そのような大人になれない「モラトリアム状態」は社会力の不足のために、「不登校から引きこもり」、その後は「ニート」の問題が懸念される。遊ぶことは知的好奇心による探索活動であって、新しい刺激を求めて、達成感・満足感を追求しようとする。子どもは遊びを観察することは人間の認知的発達及び社会的発達を知るための良い指標となる。遊びは「ストレス」や「不安・緊張感等」を解消し、子どもの諸能力の発達を促進する教育的な効果が期待できる。

　「遊びの参加ができなくて、嫌なことを拒否できない」者は、「人との交わりを回避される」ことはまれであり、心の守りが強いためにコミュニケーションに問題があって、人との交わりを回避してしまうためで、成長してからも「嫌なことが拒否できない」と考えられる。

12

図3　遊びの参加ができない嫌なことは拒否できない者は孤独である

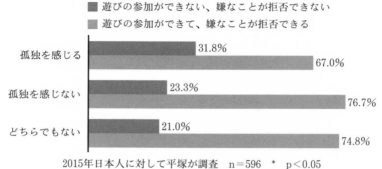

■ 遊びの参加ができない、嫌なことが拒否できない
■ 遊びの参加ができて、嫌なことが拒否できる

孤独を感じる　31.8%　67.0%

孤独を感じない　23.3%　76.7%

どちらでもない　21.0%　74.8%

2015年日本人に対して平塚が調査　n＝596　＊　p＜0.05

2－2　日本人のいじめる側と傍観者

　日本人の「恥の文化」は日本的特徴で、人間同士の結びつけが強く、幼いころから、「近所の人が見ている」「友達に笑われる」「先生に叱られる」という視点で他者の視線とともに生活してきた。人間はみな、どこか違うし、違っていてよいはずであるが、「個性を発揮することは恥」と捉えられ、個性ある人は「いじめにあう」こともある。

　筆者の調査によれば「いじめ」の傍観者も「いじめ」の加害者になっていることは、倫理的に問題がある。

　文部科学省は2019年度の児童生徒の「いじめ」の認知件数は過去最多の61万2,496件の「いじめ」が発生し、小学生の低学年に増加の傾向にあることを表している。

　図4において、いじめの「いじめる側」の者と「傍観者」の関係において、「傍観者」であった者は、「いじめる側」57.6%は、「いじめない側」28.9%よりも多かった。

　家庭のしつけが基礎になって、道徳教育は学校にて教育されて、人権を尊重する「人を人として扱うこと、すなわち人権を尊重する」こ

図4 「いじめる側」の者は「傍観者」であった

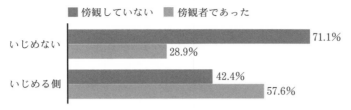

■ 傍観していない　　■ 傍観者であった

いじめない　71.1%　28.9%

いじめる側　42.4%　57.6%

2013年大阪府、奈良県、愛媛県の高校生、大学生、一般成人に対して平塚が調査
n＝1239　**　p＜0.01

とは成長の当然の行為である。

3．日本と中国のいじめやハラスメントを目撃したら通報する

　日本と中国の両国において、いじめや、ハラスメントの目撃の後に通報するかどうかの行動において、日本は、「何をしたらよいか決められない」者の最多は、「良いことだと思うが行わない」28.9％で、次いで、「良いことだと思わないので行わない」16.7％で、「いじめやハラスメントを目撃したら通報する」13.6％の順で、「良いことだと思わないが行っている」0％であった。中国天津市の「何をしたらよいか決められない者」の最多は、「いじめやハラスメントを目撃したら通報する」57.7％で、次いで、「良いことだと思わないので行わない」52.9％、「良いことだと思うが行わない」42.1％の順で、最少は「良いことだと思わないが行っている」36.4％であった。

　仲間関係を十分に持てないことによって、肯定的な面だけではなく、否定的な面があらわになってしまう（kupersmit et al., 1990）。これらは仲間関係のみでなく、親子関係にも影響するとされる。

　①観的健康：自尊心、自己評価、自己有能感、孤独感の低さ、不安

の低さ

②内在化問題：抑うつ、孤立、引きこもり、社会との関係が乏しくなる問題傾向

③外在化問題：攻撃、うそ、盗み、非行など、他者に対する表出的な問題行動

④人関係：友人関係の乏しさや、のちの異性との関係の不適切さ

⑤学業：学校の成績や出席状況の悪さ、また中退など

⑥道徳的発達：ルールや規律の理解、向社会的行動の獲得など

　仲間関係の歪みと、仲間集団における集団意識の解体は、子どもの生活にさまざまな影響を与える。

　とりわけ、日常的なストレスを仲間に対して向ける。相手の立場に立てない、仲間意識を持てないといったことは、「いじめや暴力」などの「外在化」問題行動として、日本の最多は「良いことだと思っていても、いじめやハラスメントを見ても、通報は行わない」という他者に対する思いやりのない表出的な問題行動を生じさせている。

　日常的なストレスを仲間に対して向ける。相手の立場に立てない、仲間意識をもたないことは、いじめや暴力などの「外在化」問題行動を生じさせていると，堀野緑が著している。[3)]

図5　日本と中国のいじめやハラスメントの目撃後に通報する行動

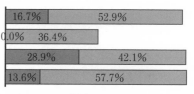

2015年日本と中国天津市に対して平塚が調査　日本n＝595　中国n＝466　**　p＜0.01

４．年を取るにつれて役に立つ人間と思えない者は孤独である

　国際化の流れの中で違いを乗り越えて、多様性を受容できる柔軟な文化が求められているが、人は、年を取ると誰でも物忘れをしやすくなるが、老年性の記憶障害は痴呆とは違って生理的なもので自然なことであるとされ、新しい情報に触れることで、脳細胞の衰えも防げるとされ、老年期記憶障害は記憶に関わる遺伝子シグナルの影響を受けておこり、主に長期記憶へ移行するまでの中期記憶（５時間以上は保持される記憶）の形成過程に障害をもたらすとし、記憶に関係のある「海馬」は、その歯状回にある神経細胞「顆粒細胞」は、増殖することができる細胞である。海馬で記憶するための神経回路を構築されて側頭葉に送り戻されるには、情報の窓口となる歯状回では、顆粒細胞が情報処理のために酷使されているために、顆粒細胞は次々に増殖して、古い顆粒細胞に置き換えていく必要があって、この細胞は頭を使うほどに増えていき、増えれば増えるほど記憶力は高まると永田和哉が示唆している。[4)]

　日本人の、「私は年を取るにつれて役に立たない人間になってきているように思える」者の最多は「孤独である」29.5％で、次いで、「どちらでもない」9.2％、最少は「孤独でない」4.5％であった。なお、歯状細胞を増殖させるには、他人とかかわったり、適度に運動をしたりして、固いものをよく嚙んで食べると良いとされている。加えて孤独を感じない者は、社会的に「人生経験を生かせる仕事がある」「自分が誰かに必要とされている」という、「人とのつながり」が孤独対策に必要であることが求められる。

図6　日本の年を取るにつれて役に立つ人間と思える者は孤独ではない

2015年日本人に対して平塚が調査　n＝595　　**　　p＜0.0001

5．日本の文明を支える特殊合計出生率と少子化の影響

　文明を支えているのは人口であり、人口を支えているのは文明である。文明の隆盛は人口増加を伴い、反対に減少は文明の衰退をきたす。

　特殊合計出生率は1974年2.45であったが、2019年は、1.36まで低下して、1971～74年の第二次ベビーブーム以降、第一次オイルショックによる経済的な混乱や、人口増加傾向を受けて静止人口を目指す考え方が普及したこと等によって、生まれる子どもの数が減少し続けるようになり、1975年には2.0を割り込み1.91にまで低下した。その後、低下し続ける合計特殊出生率は1980年代初めにやや回復したものの、1980年代半ばから再び低下し続けた。東京において、2005年に1.0％、2017年1.21％で、大阪では2005年1.21％、2017年1.35％とわずかではあるが増加の傾向が見られた。

　内閣府によると、少子化の影響を報告している。

①少子化、出生率の低下の要因によって、15歳から64歳の労働力人
　口の減少によって、労働力の供給が困難となって、年金などの社
　会保障の現役世代の負担が増大する

②子ども同士の交流の減少や過保護により、子どもの社会性が養わ
　れにくい

③住民に対する基礎的サービスの提供が困難になる

　現在、子どもの教育の現場では、発達障害の子どもたちは、1クラスに6.5%、2〜3人がいるとされている。社会で生きていくための「ノーマライゼーション」教育、社会で生きていく上の普遍の能力を教師や児童・生徒の中で育成し伸ばすことが必要である。日本の子ども時代の交流の減少は、日本人の子ども時代からの人間関係形成は、もともと日本は他者にとって「いい子」である。日本文化を象徴する生き方であったベネディクト（benedict, R.）が論じた「恥の文化」と呼ばれる日本の受動文化「いい子アイデンティティ」も、破綻に瀕していて、相手の立場に立てない、仲間意識を持たないことは、「いじめ」や「暴力」などの問題行動を生じさせている。

　現在の人口増加は、経済的に豊かでない地域で大きく、高度な産業文明成熟を達成した地域ではゼロ成長に近い、低いものであるという現象は、これまでの人口と文明の関係に反すると見られるが、教育、とりわけ女性の教育水準との関係が強いことが分かっている。一般に家族や親族のきずなが強い時代には同族を拡大しようとする傾向が強い、貧困による賃金労働力として、子どもが労働力として役立っていたが、多産であっても死亡率も高かったので、多産、多死において人口増加は小さかったとされる。

　晩婚化、女性の教育水準の上昇、家庭外での就職が増えることによる結婚年齢の上昇がある。経済学的に子どもを持つことの価値が減退したのに対して、子どもの養育費用が増大したことによると推測され、社会保障の充実や親子関係の変化もあり、老後保障を期待されず、高学歴化によって、子どもの教育費は増大し、しつけや財政的に心理的にも負担が増大している。

図7　1925年から2003年の合計特殊出生率の推移

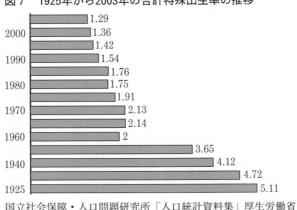

国立社会保障・人口問題研究所「人口統計資料集」厚生労働省

6．貧困が日本人のアイデンティティ発達に影響を与えている

　現在7人に1人は貧困状態にあって、0に近づくほど所得格差が低く、1に近づくと大きくなる2017年の当初所得ジニ係数は0.5594である。この問題は学力格差と関係している。

　日本の10～14歳の相対的貧困率17.8％で、学力が落ちている、居場所がない子もいる。3食の食事が十分でなく、心身の成長のバランスが十分でなく、必要な就学が困難で、将来の夢も諦めることになっている。なお、私学の大学の場合、卒業できる学生で、奨学資金の返済額は400万円以上にのぼり、就職できてもこの返済額では未来のあるはずの人生の出発で貧困生活となっている。

　相対的貧困率の年代推移の図8から、日本人の男性の貧困率の最多は20～24歳の21.8％、次いで15～19歳18.8％、80歳以上17.3％、10～14歳17.0％、75～79歳16.2％の順である。なお女性の貧効率の最多は75～79歳25.4％で、次いで80歳以上23.9％、70～74歳23.2％、20～24歳

19.5％、15〜19歳18.8％、10〜14歳17.8％の順であった。

　女性の高齢者の貧困率は男性と比較して高く、非正規雇用のためか厚生年金に入っている割合は少なく、高齢女性は高齢男性より人数も多く、夫に先立たれると、自分の年金だけになると相当大変である。しかし、昔の日本の子どもは親に仕送りをしていたとされるが、近年の若者世代の貧困率は高齢者よりも高く、雇用関係＝非正規雇用ということもあり年金納付率は低い状態である。なお高齢者の貧困率が下がった原因は社会保障制度で年金制度が整備されたことによる。

図8　2012年日本の貧困率の年代推移

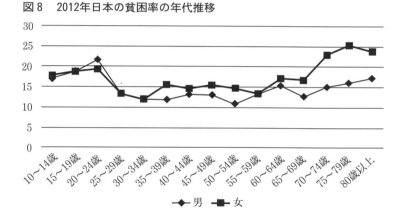

7．日本と中国の何をしたらよいか決められないモラトリアム状態

　日本経済が1974年以降になると、大量消費と情報化が進み、子どもたちはAV機器と情報機器のある個室が与えられる日常生活へと変化していった。子どもの遊びも、外遊びから内遊びへ変化していき、群れ遊び型から孤独型へと変化し、もはや地域は遊びの場ではなく、学校は地域住民の生活・文化に関わりのない場と変化していった。

　1974年以降、安定経済期に入ると、物があふれて、情報が氾濫する社会にあって、大人になりたくない「モラトリアム人間」である若者が増加して、小此木啓吾氏によれば、どんな局面においても当事者になりたくない心理的傾向の持ち主であって、若者に限らず、企業人や政治家などにも現れてきた。

　日本はもともと、自らの主体的な「アイデンティティの確立」よりも、他者にとっての「いい子」を意識する。子ども時代から親の期待や教師の期待を一身に受けて、その敷かれた上を歩んでいく「受動文化」をよしとする能力を構築する。「いじめ」や「差別」の問題は、「学校でのいじめ」「家庭内や社会でのいじめ」「性的差別」「高齢者や障害者へのいじめ」等がある。「身体的・精神的暴行」「悪口」「告げ口」「罵倒」などの方法で、人を無視したり嘲笑の目標にして、人に屈辱を与え、笑いの的になる人に、つらい思いをさせることは、笑いが社会の共感を得るものでなければ、その行為は下等で下品なものである。差別をなくし、烙印（stigma）を押さない、すべての人を等しく扱うための平等性（Equality）の確保が必要であることは、巽憲之が示唆している。

　近年の価値観の多様化は、自らの「アイデンティティ」を模索していると考えられる。[5]

　エリクソンは青年期の発達過程である自我同一性（ego identity）の確立を特に重視して、「意識的な自己イメージ」社会との調和を保ちながら自己実現を図るためには、「自分は何者であるのか」を明確にしておく必要がある。しかし、日本社会は、これまでの親の価値観を取り入れ、形成してきた同一性が崩れてしまうことになりかねない。このことは、試行錯誤して自分に合った進路や人生観を選択して、社会の中で責任ある行動をとりながら、自他ともに肯定される存在とし

て「新たな同一性」を再体制化していくことが必要である。うまくい
かないと「何をしてよいかわからない」「将来の見通しがまったくな
い」などの「同一性拡散」に陥ることをエリクソンは示唆している。

　1970年までは、文化全般にわたって、欧米諸国が日本のモデルであ
った。ところが、1980年代、日本の経済は頂点に立ち、経済では欧米
諸国に追いつき一流（富の集積する国）となった。政治的安定度は世
界の一流となったが、現在の文化は何流であるか問われる。

　日本経済が1974年以降の安定成長期に入ると、大量消費と情報化が
進み、「豊かな社会」が進み、モノがあふれ情報が氾濫する社会にあ
って居心地の良い「今にとどまっていたい」「大人になりたくない」
という（モラトリアム状態）の若者が増え始めた。子どもの遊びは、
都市、農村を問わず「外遊び」から「内遊び」へ、「群れ型」から
「孤独型」へと変化し、地域は遊びの場ではなくなったと、池本薫が
著している。[6]消費社会は権力や上昇志向の強い人間を輩出する一方で、
「無関心・無気力・無感動」の人間を生んだ。このような状況は、人
々が連帯して創造性豊かな社会を望むことは困難と考えられる。とり
わけ「モラトリアム状態」からの対処は

　①自分は、こうゆう者であるという自己認知ができること

　②他者からの認知が必要である

　③自分は代替不可能な唯一の存在である認識が「アイデンティティ
　　の確立」ができていることが必要である

8．日本の未来に希望が持てない何をしてよいか決められない者

　日本の「何をしてよいか決められない」者の最多は1990〜1993年
34.0％で、次いで1980〜1989年33.1％、1960〜1969年20.5％、1970〜

1979年18.8%、1950〜1959年18.0%の順で、最少は1919〜1949年9.1%であった。日本人のモラトリアム状態は、若者が多く、なお筆者の調査において、「何をしてよいか決められない＝モラトリアム状態」の者は、「経済的不安と社会の閉塞感があって、未来に希望がない」者59.9%は「未来に希望がある」者22.9%より多かった。

　自分は代替不可能な唯一の存在であるという認識が必要であるが、自分は困難と考えている。これらの若者は、子ども時代から自然の調和の中で未来に希望が持てる社会づくりができる、後述するが、「個の確立」や「判断の自主性」、「判断の主体性」を教育の目標とする必要がある。

図9　日本人の何をしたらよいか決められない年代出生推移

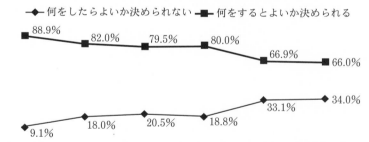

9．何をしたらよいか決められない者は経済的な不安と社会の閉塞感があって未来に希望が持てない

　1970年代に入り、1990年以降にかけて「何をしてよいか決められない」者が増加の傾向にあった年代は、1973年第1次石油ショックと週休2日制の企業が漸増し、1974年以降は安定成長期に入り、大量消費

と情報化が進んだ。

　1975年に合計特殊出生率は2.0を割り込み1.91にまで低下し、1978年は失業者136万人となった。「モラトリアム状態・何をしたらよいか決められない」者は、「将来への展望が低く、無気力で回避しがち」になって「受動的」となっていった。

　図10のごとく、「何をしたらよいか決められない」者は、「経済的な不安と社会の閉塞感があって、未来に希望が持てない」者59.9％は、「経済的な不安や社会の閉塞感がない、未来に希望が持てる」者22.9％よりも多かった。

図10　何をしたらよいか決められない者は経済的な不安と社会の閉塞感があって未来に希望が持てない

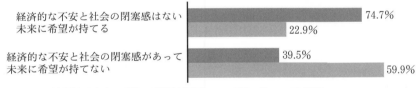

　　　　2015年日本人に対して平塚が調査　n＝428　＊＊　p＜0.0001

10.　中国の一人っ子政策と両親や祖父母の愛情を一身に受けた何をしてよいか決められない者の出生年代

　中国における文化大革命の混迷の時代の政策と、1979年に始まった一人っ子政策第一世代である80後は、両親や祖父母の愛情を一身に受けて過保護に育ち、そのわがままぶりが注目を集めた。ところが第2世代といえる90後は80後よりさらに自己主張が強く、自由で新しい感覚を持った人々であると言われている。

　図11によると、1919～1949年の「今何をしたらよいか決められない」

者は、44.0％で、1950〜1959年ではわずかではあるが36.7％と低下を
して、1960〜1969年では著しく55.3％と上昇して、その後は1970〜19
79年54.2％、1980〜1989年59.8％、1990〜1993年65.0％と増加の傾向
を示している。

1960〜1969年生まれ以後の出生者は「今何をしたらよいか決められ
ない」者は、「今何をしたらよいか決められる」者よりも多くなった
年代である、1970年から1980年代生まれの彼らは、文化大革命の影
響もあり、国学（儒教をはじめとする古典思想や歴史学、仏学などの伝
統的な学問・文化）ついて学ぶ機会が得られなかった若者であったが、
20歳代、30歳代を迎えた時、彼らは、国学への学習意欲は非常に高く、
現在の国学熱の牽引役となっていった。自国の伝統文化に対する誇り
や関心を芽生えさせるきっかけになった年代でもあった。

図11　中国の何をしてよいか決められない者の出生年代

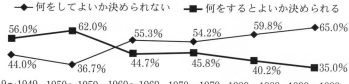

2国間の「孤独」の要因は、国民のアイデンティティの基礎である
潜在的思想に急激な社会的変化が関わったものと考えられる。

後述するが、日本も、中国天津市の若者も金銭を第一に考え、規範
意識の低下も考えられる傾向があると推測された。

11. 第2次世界大戦後の日本人の民主主義とアイデンティティ

　戦後の日本の思想の歴史は雑多性と異質なものと共存する重層性を学び、アメリカ思考から産業的効率を学んだ。しかし、地縁、血縁、社縁の強い社会の中で、第2次世界大戦後、家名を大切にする「イエ」がこわされて、日本人が代理として求めたのが「カイシャ」である。この「カイシャ」によって、個々人の「アイデンティティ」が得られた。この「カイシャ」は戦後からバブル期までの日本の経済的急成長を支えることとなった。

　1946（昭和21）年11月3日、国民主権・平和主義・基本的人権の保障の原理にもとづく日本国憲法が公布され、翌年5月3日から施行された。

　教育改革は1947（昭和22）3月、平和主義と民主主義を基本理念とする教育基本法、六・三・三・四制の新教育制度を定めた学校教育法が制定されて、4月から実施された。この結果、男女共学や9年の義務教育制が採用され、家庭や男女のあり方についても「家庭生活における個人の尊重と両性の平等（日本国憲法、第24条）」等の改正が行われた。

　1960年代から70年代初めにかけて、日本経済は空前の繁栄を遂げ、石油化学・自動車など重化学工業の多くの部門で、技術革新と設備投資が飛躍的に進み、1960年代末には、日本の国民総生産（GNP）は、自由主義諸国のなかでアメリカに次いで第2位となった。

　農林水産業など第1次産業から、工業等の第2次産業へと産業構造が変化していった。

　一方、日本の高齢化率は1973年の9％から2003年には24％に増加していき、家族構成も核家族型に変化して、1991年には出生率は1.53人

になった。

　しかし、現在の過度に膠着した管理社会は人々にストレス耐性の低下を引き起こし、結果、学校では少し違うだけで仲間から無視されて、「不登校」に陥る者や、大人社会のサラリーマンの間でも「いじめ」が広がっていき、さらに対人関係の希薄によって、若者から高齢者まで「引きこもり」の現象が現れて「孤立」者が表れている、その「孤立」を忘れるために、依存症（行動依存、薬物依存、関係依存）に陥り、日本人の社会の急激な変化が「孤立」という「ストレス」を高めているものと推測される。

　中国の（N＝470）と日本（N＝600）の若者や中・高齢者に対して、「孤独」に関わる身体的精神的兆候を面接調査した結果、両国の孤独感を保有している者は、日本人の孤独感を保有している者のうち1980〜1989年出生年代が56.9％と最多であり、1919〜1949年では28.4％と最少であった。

12.　日本の第2次世界大戦終了後の社会変化と教育改革

　第2次世界大戦後日本は、植民地を失い、軍需・産業施設は壊滅的な打撃を受けた。一方、国民は職ばかりか、住むところを失った。茫然自失の思想「空白」期が襲ったのである。昭和20年8月15日終戦となり、新生日本の門出の日となった。

　戦後の日本はアメリカ思想から、産業的効率を学んだ。アメリカ的思考の富の中核は対立するものの、異質なものと共存する重層性と雑多性にある存在を許容した。もともと日本の思想の歴史も雑多性を基としていたので、戦後はアメリカを「教科書」に重層性を学んだといえる。1970年までは思想ばかりではなく、文化全般にわたり欧米色が

日本のモデルであり、経済では欧米諸国に追いついたのである。

　日本が経済力を増大させるにつれて、欧米諸国、とりわけ米国との経済摩擦が深刻化して、日本の輸出力や市場開放への圧力が強まった。1980年代には日本が経済力で世界を支配しようとしているという「日本異質論」といった説が政治に影響力を持つほど深刻化していった時代であった。

表1

年代	日本社会の軋みや出来事
1966	家庭の教育力が言われ始める
1969	カギッ子、シンナー遊びで死者増加
1971	授業についていけない「落ちこぼれ」が半数認められる、遊び型非行が表れる
1972	沖縄施政権返還、日中共同声明、日中国交正常化
1973	第1次石油ショック、週休2日制の企業漸増
1975	第1回先進国首脳会議（サミット）
1978	日中平和友好条約、(中)改革開放開始、失業者136万人、60歳定年政論起る
1982	第1次歴史教科書問題中国・韓国から抗議
1985	中曽根康弘首相の靖国神社参詣、不登校が社会問題化、学童の肥満
1976	合計特殊出生率の低下
1977	モラトリアム人間、カラオケ、家庭内暴力の増加、子どもの群発自殺
1979	第二次オイルショック、非行の低年齢化、粗暴化、集団化
1992	弱い者いじめ
1983	中学生浮浪者襲撃事件、子どもの8割が自室を持つ
1984	教育荒廃、校内暴力からいじめ
1985	家庭内離婚、バブル経済始まる
1989	ベルリンの壁崩壊、米ソ首脳会議がマルタで（マルタ会談）、冷戦終結
1990	少子化（1.57ショック）
1991	湾岸戦争、バブルの崩壊、保健室登校
1992	不登校児童・生徒増大、いじめ問題、ドメスティックバイオレンス（DV）の用語が定着
1993	山形県マット死事件、平成不況
1995	阪神・淡路大震災、オウム真理教事件

1997	アジア経済危機、不登校10万人を超える
2000	西鉄バスジャック事件　少年の犯罪が社会問題に、犯罪被害者方成立、ストーカー規制法成立
2001	DV防止法（配偶者暴力防止・被害者防止・被害者保護法）
2005	JR西日本福知山線尼崎事故107人死亡
2007	宮崎県で鳥インフルエンザ
2011	東日本大震災、津波による被害甚大と原発事故で放射能汚染地域拡大、台風12号・15号で死者・行方不明者120名余命
2012	生活保護211万人超
2013	経済政策アベノミクス、給与総額バブル後最低、年間ストーカー被害2万件超、児童虐待7万件超
2014	消費税8％、STAP細胞問題、認知症行方不明が社会問題化、脱法ドラッグ事件相次ぐ、広島で土砂災害、御嶽山噴火
2015	改正労働者派遣法成立、マイナンバー制度施行、熊本地震、ハンセン病「特別法廷問題」で最高裁判謝罪、福祉施設で元職員による殺傷事件
2019	合計特殊出生率1.36

　人は社会環境の中で生理的、精神的、社会的に、安定と調和を保ちつつ生きている。この営みに適応して、社会において、課題解決、行動調整、欲求充足、緊張緩和を図りながら適応行動をとっている。しかし社会関係との安定した調和が崩れると、心身ともに不安定な状態になる。個人と社会環境の関係と自分自身への適応も見過ごせない。近年の高度に複雑化し硬直化した管理社会は、自己効力感（self-efficasy）を奪い適応を困難にする[7]。

　日本の1945年は、史上まれにみる凶作で、食料不足は深刻なものであり、食料の配給は1人1日2合1勺と定められていた。栄養失調の餓死者もしばしばで、海外からなる数百万の引揚者は、着のみ着のままで、国内（内地）に引き揚げてきても定職はなく、住む家もない状態であった。

　第1次産業の比率が急速に低下して、1955年の第3次産業は35.5％

であったが、1965年43.7％、1973年51.8％、と年々上昇の傾向を示し、2015年には71.6％となり、大きな比重を占めるようになった。勤労者の所得も年々上昇し国民の生活は著しく向上した。

　一方、第２次産業の就業者割合は1955年において23.4％で、1965年31.5％、1973年34.5％と上昇傾向を示した。鉱工業の生産は戦前の最高水準を突破して、1960年の池田勇人内閣は「所得倍増」を唱え高度経済成長を推し進めた。そして佐藤栄作内閣の下で1960年代から70年代初めにかけて、日本経済は空前の繁栄をとげ、石油化学・自動車など重化学工業の多くの部門で、技術改革と設備投資が飛躍的に進み1960年代末は日本の国民総生産（GNP）は自由主義国の中でアメリカに次いで第２位となった。テレビ本放送は1953年に始まり、1960年以降、テレビ受像機は目覚ましく普及した。

　1960年代後半になると、日本経済は世界的好況にめぐまれ、輸出が急増したことによる好景気をむかえた。勤労者の所得が上昇することによって国民の生活水準は上昇して都市と農村の較差も減少して、カラーテレビ・クーラー・乗用車（新三種の神器）などの耐久消費財が一般家庭に広がった。

　1970年後半以降、石油ショックを克服して、なお輸出を増大させた。

　1980年日本経済は安定成長を続けて、80年代後半から91年初めまで大型の景気拡大が持続され、中曽根康弘内閣の下で、三公社＝電電公社・専売公社・国鉄の民営化が実現した。しかしながら大都市の地価の暴騰、労働力不足と外国人労働者の流入、出生率の低下と寿命の延びによる高齢化が問題化した。

　1991年半ば以降バブル経済の崩壊により、景気は一変して低迷に向かった。各企業が経営の効率化を進める過程で多くの失業者を出した結果、雇用不安が高まった。

1995年では、完全失業率3.2%、育児・介護休業法が成立した。1996年においては、女子学生の就職難が深刻化し、完全失業率3.5%である。

1997年に3％から5％に消費税の税率が高齢者福祉の財源として引き上げられたが、不況をいっそう長引かせる結果となった。2011年の東日本大震災において巨大地震と大津波による被害は甚大で、また東京電力福島第一原発ではメルトダウンが起き、原子炉の崩壊により放射性物質が撒き散らされ、放射能汚染地が拡大した。2014年にはSTAP細胞問題が現れ、一方、認知症行方不明者が社会問題となり、脱法ドラッグ事件が相ついだ。

13. 中国の文化大革命とその後の時代の変化

中国での儒教の経典の一つである論語は1976年に文化大革命が終わるまで、孔子の教えを学ぶことは完全なタブーであったとされる。改革開放後の1980年代半ば頃から国学に対する再評価がたかまり、2000年ころから本格的な盛り上がりを見せるようになった。1970年～80年代生まれの者は文化大革命の影響もあり、国学全般について学ぶ機会を得られなかった。国学熱の背景は、急速な経済発展があって、生活にゆとりが出てきて、人々の伝統文化に対する誇りや関心が芽生えさせるきっかけになった。

儒教は聖人として倫理を身につけ、王者として倫理をもって政治を行うことを説く、制度的には"科挙"という制度に代表され、出世することを美徳としている。

1958年、新中国から10年を経て革命の混乱から抜け出しつつあった中国は、都市への過剰な人口流入を防ぎ、治安維持や人民の管理をス

ムーズにするために、戸口（戸籍）管理条例を制定した。中国の戸籍制度は2種類の戸籍（都市戸籍と農村区別）が存在して、条例では都市と農村を二極化して、人口の自由な移動を事実上、禁止した。北京や上海（一線都市）の大都市から武漢、西安などの二線都市（地方中核都市）、または三線都市（その他の地方都市）へ戸籍を移す場合は、就労証明書などが必要なものの比較的スムーズに行うことができる。1978年、鄧小平の指導のもと改革開放政策がスタートした。この改革開放をきっかけに、戸籍制度にさまざまの歪を顕在化し始めた。先富論（豊かになれる者を優先する政策）によって急速に経済成長を遂げて、労働力が不足した東部沿海地区に、内陸の農村部から仕事を求める出稼ぎ労働者が押し寄せ、この労働者（農民工）と呼ばれた。彼らの戸籍を都市に移すことはおろか、公的なサービスや福利厚生なども一切受けられない。農村に生まれた人々の間に、階級差別を招く不公平な戸籍制度に不満が募っていた。1990年以降、戸籍制度の緩和に向けて、中小都市では、居住期間や合法的な住所、安定した職業、収入があることを条件に、農村戸籍者に対して都市戸籍への転籍を認めるようになった。

　2008年12月、都市戸籍と農村区別を撤廃し、新たに統一した戸籍導入した省レベルの自治体は、湖北省、遼寧省、重慶市など13の省・自治区・直轄市に及んでいる。農業で食べられない農民が沿海都市部の工場に出稼ぎに行く（農民工）は家族が離れ離れになる核家族化が加速し、一人っ子政策によって、子どもは大人たちから甘やかされるようになった。経済水準が急上昇し、収入が増えるに従い、人々はお金を基準にして、拝金主義が横行して、経済格差は拡大した。

　天津市は華北平原海河の五大支流の合流する所に位置し、東に渤海を、北に燕山を臨む。市内を流れる海河は天津の母親河とも呼ばれる。

環渤海湾地域の経済的中心地であり、中国北方最大の対外開放港である。首都である北京市とは高速直通列車（新幹線）によって、0.5〜2時間以内であるので、筆者は北京から天津市まで快適な列車であった。元々は海河の河港であったが河口の塘沽に大規模な港湾、工業地帯が形成されて、第二次大戦終結までアロー事件以来の各国の共同租界が残っていた。中国有数の大都市で、2014年時点での都市圏人口は1,535万人である。下記について、「お金のことで心配することがある」者の出生年代の推移については、歴史から見るかぎり、人の活動は、環境の中で経験されている事実を重視する必要がある。環境要因が個々人の内的環境「生きがい」や「人生の充実感」に及ぼし、影響を与えていると考えられる。

図12

14. 情報化社会が日本のあいまい文化上に与えるストレス

　現代社会は平均寿命が延び、経済的にも社会的にも高度な生活を求めるようになってきた。健康を維持増進して、疾病を予防するとともに、日々の生活の充実感を求め、生きがい感を確保したいという要求を持つようになってきている。

　充実感や生きがいは、ストレスの緊張感を克服し、目標を生きがいに感じられるものであるが、現代的なストレスの諸問題に適応しきれないところに発生していると考えられる。

　我々の生活が便利になった分、人間とコンピュータの微妙な関係が崩れた時に生じる新しい形の不適応症候群テクノストレスは、テクノ不安症やテクノ依存症がある。

　日本における「あいまい文化（気持ち主義）」「恥の文化（他者指向性）」「受動文化（いい子アイデンティティ）」の上に、便利な社会は感情の起伏に乏しいので、物事の効率とスピード化は、人間関係に乏しいテクノストレスが、日本人の精神に影響を及ぼして「抑うつ症状」や「不安症状」が不適応症候群をきたしている。とりわけ感受性の高い未成年に与える二者択一的な思考は、成長途上の心の発達には危惧される。

表2　孤独感と相関する兆候

	ときどき孤独感を感じる者の心身兆候	孤独の（有無）の関係（%）	
	心身の兆候	ときどき孤独な感じがする	ときどき孤独な感じはない
1	お金のことで心配することがある	55.5	43.6
2	うろたえやすい方である	53.8	22.3
3	達成するために簡単すぎる目標を選んでしまう	50.8	36.1
4	目標に向かって進まない	49.2	28.2
5	以前に比べて些細なことで悩むことが多い	48.9	16.4
6	人生は失敗の連続のように思う	40.3	12.9
7	ときどき心配事があって眠れなくなる	40.2	20.3
8	何をしたらよいか決められない	36.1	15.3
9	配偶者や異性との付き合いに満足していない	31.2	14.9
10	役に立たない人間になってきているように思える	29.5	4.5
11	毎日の生活に生きがいを感じていない	24.2	6.4
12	ときどき人生は生きるに値しないものだと感じる	23.6	5.0
13	今、体の具合はよくないと思う	20.8	9.4

15.　日本人のお金のことで心配する出生年代

　厚生労働省の所得の分布状況によれば、所得金額階級別に相対度数分布をみると「200〜300万円未満」が13.9％、「300〜400万円未満」が13.3％である。中央値は427万円であり、平均所得金額（547万5千円）の割合は61.3％となっている。

図13　所得金額階級別にみた世帯数の相対度数分布

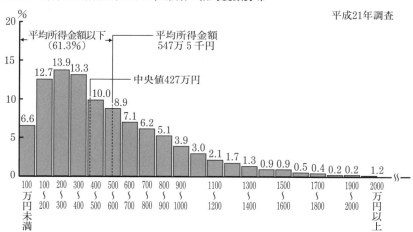

「平均所得金額以下」の世帯の所得金額階級別累積度数分布をみると「500万円未満」は56.6％となっている。また、年次推移をみると、すべての階級で上昇傾向となっている。厚生労働統計。

　お金は「多くても」「なくなることも」不安である。物の価値を図ったり、交換したり、価値を保存することができるのがお金である。

　日本人の「お金のことで心配する」者の出生年代において、「お金のことで心配する」者の最多は1980〜1989年の59.5％で、次いで1990〜1993年52.9％、1960〜1969年50.0％、1970〜1979年47.7％、1950〜1959年40.0％の順で、最少は1919年の18.4％であった。

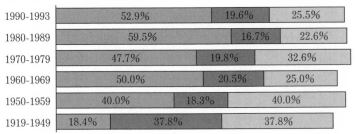

図14　日本人のお金のことで心配する出生年代

■お金のことで心配する　■お金のことで心配することはない　□どちらでもない

出生年代	お金のことで心配する	お金のことで心配することはない	どちらでもない
1990-1993	52.9%	19.6%	25.5%
1980-1989	59.5%	16.7%	22.6%
1970-1979	47.7%	19.8%	32.6%
1960-1969	50.0%	20.5%	25.0%
1950-1959	40.0%	18.3%	40.0%
1919-1949	18.4%	37.8%	37.8%

2015年日本人に対して平塚が調査　n＝596　**　p＜0.0001

16.　日本のお金のことで心配する者は孤独を感じる

　お金が少なすぎると、衣食住が満たされても、生活満足度は低くなり、心配感がある。図15において、「お金のことで心配する」者と「孤独」の関係において、「時々孤独を感じる」者の最多は、「お金で心配することがある」51.6％で、次いで、「どちらでもない」41.5％、最少は「お金のことで心配することはない」31.5％であった。一方、「孤独を感じない」者の最多は、「お金のことで心配することはない」46.5％で、次いで、「お金で心配することがある」30.9％で、最少は、わずかであるが、「どちらでもない」30.4％であった。

　これら、お金による不安は、「お金が無くなる不安」または「生活レベルを落とすこと」の恐怖から孤独を感じる結果にあると考えられる。

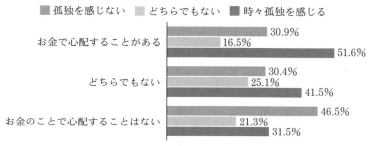

図15　日本人のお金のことで心配する者は孤独を感じる

■ 孤独を感じない　■ どちらでもない　■ 時々孤独を感じる

2015年日本人に対して平塚が調査　n＝583　**　p＜0.001

17. 孤独というストレスが長時間続くことで引き起こす兆候

　孤独は、誰にも頼ることがなく、支えあう関係のない「孤独」の状態が長時間続くことで、心身に障害をきたすことから対策の機運が海外では高まっている。

　日本人は「孤独は自己責任」とみられるところがあり、アメリカのカイザー家族財団と英誌エコノミスト共同による 3 か国調査において、日本は44％とアメリカの23％、イギリスの11％と比べて高い値にあったという。

　日本の「孤独」は「個性を発揮することは恥」とし、むしろ「よし」とする文化の違いによるものであるとしている。

17－ 1　孤独感のある者とうろたえる行動

　「うろたえる」日本人の「孤独感のある」者は、予想もしない突然の出来事で、「何をしてよいかわからない」頭の回路が停止してしまい、ストレス耐性の低い人ともいえる状態である。「うろたえやすい」者は、「孤独を感じる」53.8％と最も高く、次いで、「どちらでもない」

者27.7％、最少は「孤独を感じない」者22.3％と優位に表現されている。

　主体的な歩みが重要であり、「多様性を受容しうる」文化へと変貌を遂げていくことが求められる。

図16　日本人の孤独を感じる者はうろたえやすい

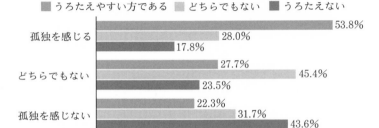

2015年日本人に対して平塚が調査　n＝596　**　p＜0.001

17－2　日本人の心配事がなく眠れる者は孤独を感じない

　心を落ち着かせる物質であるセロトニンも睡眠にとって重要なホルモンである。縫線核にはセロトニンを含む神経細胞が多くある。セロトニンが分解されると眠りを促進するメラトニンになる。セロトニンは、朝の目覚めを促す役割も持っている。そのために、セロトニンが不足するとスッキリと起きることができなくなる。夜のメラトニンの量も減り、睡眠の質も悪くなるという悪循環が生まれて、寝不足や不眠症になってしまうことについて、木村昌幹が著している。[8]

　「心配事があって眠れない者と、孤独」の関係において、「心配事があって眠れない」者の最多は「孤独を感じる」40.2％、次いで、「どちらでもない」21.0％、最少は「孤独を感じない」20.3％であった。

　なお、「眠れないことはない＝眠れる」者の最多は孤独を感じない64.9％で、次いで、「どちらでもない」49.6％、最少は「孤独を感じる」41.7％であった。

　一方、「眠れる」者の「孤独を感じない」値は極めて多い64.9％であった。

　不眠は精神的なストレスや身体的苦痛によって十分に眠れないことによって引き起こされる。厚生労働省によれば、不眠症は国民病になっていて、5人に1人が「何らかの不眠がある」「睡眠で休養が取れない」、60歳以上では3人に1人が睡眠問題で悩んでいて、通院者の20人に1人は不眠のために睡眠薬が処方されている。今や不眠症は日本の国民病になっている。

図17　日本人の心配事なく眠れる者は孤独感ない

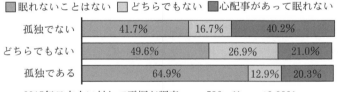

2015年日本人に対して平塚が調査　n＝596　**　p＜0.0001

17－3　日本人のお金のことで心配することと配偶者や異性との付き合いの満足との関係

　なぜヒトは特定の異性を選り好みするのかについて、ヒトで最も発達した「大脳新皮質」が高度な働きをするためであって、大脳新皮質の「前頭葉」には人を愛したり、好きになったりする機能を司っている。創造したり、やる気を出したりする機能と同じように働いている。「相手の優しさが好ましく思ったり」「目に見えない性格まで想像し」

「自分との相性を多面的に分析したり」して、好きになっていくので
あるが、「前頭葉」で培われる「好き」「嫌い」の判断はその人が育っ
た環境や体験などによる価値基準や美意識に大きく左右され、これま
だ育った居心地のいい環境を無意識に選択しているといえる。
　好きな人ができると「フェニルエチルアミン」というホルモンが分
泌される。恋愛に関係しているので、「恋愛ホルモン」とも呼ばれて
いる。木村昌幹、永田和哉が著している。[9]

図18

本能が恋する要素	理性が恋する要素
健康、強い（遺伝的に優れている） 直感（理性でコントロールできない部分で好意を感じる ＊男性の場合、体形や容姿が優れている女性に惹かれる 　（出産、育児能力を視覚で判断）	社会的な地位 年収 性格 服装や食などの好みの相性

木村昌幹の資料

　「配偶者や異性との付き合いに満足している」者の最多は、「お金
のことで心配することはない」52.8％、次いで「お金で心配すること
がある」41.2％、最少は「どちらでもない」41.2％であった。
　日本人の配偶者や異性には経済力に、いつの間にか惹かれ、満足し
た状態にあることは、無意識に働いていると考えられた。

図19　日本のお金のことで心配することのない者は配偶者や異性との付き合いに満足している

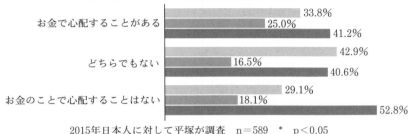

2015年日本人に対して平塚が調査　n＝589　＊　p＜0.05

18.　中国・天津市の孤独を感じる者の関連

18－1　中国・天津市のお金のことで心配することがある者の出生年代推移

　お金のことで心配する出生年代の最多は1970〜1979年の87.2％で、次いで1919〜1949年69.2％、1990〜1993年65.8％、1950〜1959年60.9％、1960〜1969年55.9％の順で、最少は1980〜1989年の53.2％であった。

　文化大革命の終了が宣言されたのは毛沢東が死去した翌年の1977年8月であった。

　中国は長い間、家族第一主義だったが、国民のアイデンティティの基礎を毛沢東思想に置くようにしようと意図して、文化大革命のときには、家族内においても密告を奨励した。このため、肉親の間で、夫婦間の間で、密告が行われ、そのためにお互いの間に強い憎しみや恨みを生じることになった。毛沢東の政策は成功したが、その頂点で彼が失脚したために、国民の間にアイデンティティ喪失の危機が生じ、

42

これによって、だれにも頼れないのなら、頼れるのは、"お金"だという"拝金主義"になってきたと、河合隼雄が著している。[10]

図20　中国天津市のお金のことで心配することがある者の出生年代

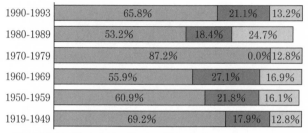

■お金のことで心配することがある　■お金のことで心配することはない
■どちらでもない

年代	お金のことで心配することがある	お金のことで心配することはない	どちらでもない
1990-1993	65.8%	21.1%	13.2%
1980-1989	53.2%	18.4%	24.7%
1970-1979	87.2%	0.0%	12.8%
1960-1969	55.9%	27.1%	16.9%
1950-1959	60.9%	21.8%	16.1%
1919-1949	69.2%	17.9%	12.8%

2015年中国天津市市民に対して平塚が調査　n＝466　**　p＜0.01

18－2　中国天津市の孤独を感じる者の出生年代

社会で「孤立している」者は「大きな不安やストレスを抱えて、自信が持てない」人に、日本人の調査においても明らかであった。

中国天津市において、「孤独を感じる」者の最多の出生年代は、1990～1993年の79.5%で、次いで1960～1969年72.3%、1950～1959年71.5%、1919年71.1%、1970～1979年57.6%、最少は1980～1989年の43.7%であった。

最多の1979～1990年に何が起きたのかをみると、1992年、韓国と国交を樹立し、1993年、国家主席に江沢民が就任、1995年、地下核実験を実施という時代であった。

図21 中国天津市の孤独な感じがする出生年代

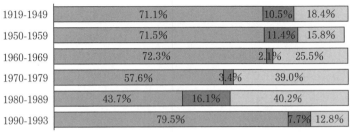

凡例: ■孤独な感じがする ■孤独な感じはない □どちらでもない

出生年代	孤独な感じがする	孤独な感じはない	どちらでもない
1919-1949	71.1%	10.5%	18.4%
1950-1959	71.5%	11.4%	15.8%
1960-1969	72.3%	2.1%	25.5%
1970-1979	57.6%	3.4%	39.0%
1980-1989	43.7%	16.1%	40.2%
1990-1993	79.5%	7.7%	12.8%

2015年中国天津市に対して平塚が調査　n＝466　＊＊　p＜0.0001

18－3　中国天津市の思いきり打ち込んだり挫折を経験した者と孤独の関係

　ヒトが何か行動を起こすときに働く動機をモチベーションというが、目標には強いモチベーションがなければ達成できない。脳の活動をとらえると、「大脳皮質」で考え出したことを「大脳基底核」に送り、そこで考えに評価を加えたうえで「視床」に送って最終決断をし、また「大脳基底核」に戻して実際の行動を起こす順序になることは、永田和哉が著している。ヒトは自分がしようと思ったことと実際に取った行動があっているかどうかを、常にモニターしながら活動している。

　やる気を出すには成功をイメージすることが大切だといえる。褒められて伸びる人は地位やお金、称讃などの「報酬」を意識すると、脳内ではドーパミンの分泌が増加してモチベーションが高まるとされる。しかし窮地に追い込まれたときに、戦う意欲を高めるのは「ノルアドレナリン」が分泌される。しかし「逃げる選択肢も出てきてしまう」ので注意が必要である。

　図22によると、思いきり打ち込み、挫折した者の最多は、孤独な感じがする者77.0％で、次いで、孤独な感じはしない73.9％、最少はど

ちらでもない57.0%であった。

　モチベーション行動は、報酬への期待と背中合わせとされるが、成功ができなければ、窮地に追い込まれて、「孤独感を感じる」結果となっている。

図22　中国天津市の思い切り打ち込んだり挫折した者は孤独を感じる

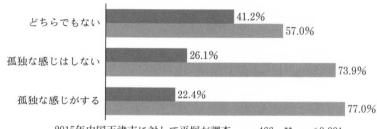

■ 思い切り打ち込んだり挫折したことはない
■ 思い切り打ち込んだり挫折した

どちらでもない	41.2%	57.0%
孤独な感じはしない	26.1%	73.9%
孤独な感じがする	22.4%	77.0%

2015年中国天津市に対して平塚が調査　n＝466　**　p＜0.001

18－4　中国天津市のお金で心配する者と孤独の関係

　生活満足感や感情的安定感からくる「幸福感」はお金が少なすぎると、衣食住が満たされても、生活満足度は低いとされる。しかし、お金は飽和状態に陥るとされる。

　「孤独である」者の最多は、「お金で心配することはない」71.6%で、「どちらでもない」56.0%、最少は「お金で心配する」53.5%であった。一方、「孤独でない」者の最多は、「お金で心配する」15.1%で、次いで、「お金で心配する、どちらでもない」は8.3%であった。

　「お金があると心配することはない」という考えでは、かえって、「孤独である」ことが表れている。

図23　中国天津市のお金のことで心配しない者は孤独である

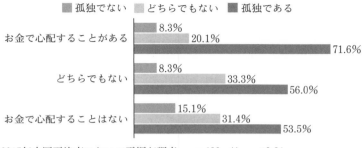

2015年中国天津市において平塚が調査　n＝466　**　p＜0.01

18−5　お金で心配する者と何かに打ち込んだり挫折した関係

　人の物欲を刺激するには「それが何に使われるものかがわかっている」「それが手に入った時の充実感が予想できる」という2つの要件が絶対に欠かせないと、永田和也が著している[11]。

　「お金で心配することがあった」者と、「何かに思いきり打ち込んだり、挫折した経験者のある」者の関係において、「何かに思いきり打ち込んだり、挫折した経験者のある」者の最多は、「お金で心配することがある」83.7％で、ついで「お金で心配することはない」71.3％、最少は、「どちらでもない」58.3％であった。本調査において、お金で心配する者は、お金が手に入った充実感はないと推測される。

図24　中国天津市のお金のことで心配する者は何かに打ち込んだり挫折した

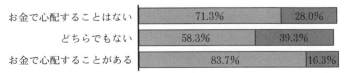

2015年中国天津市の住民に対して平塚が調査　n＝466　**　p＜0.01

　公教育においても、ある子どもに根本的な信頼感が欠けているように思えるのは、両親に関わる問題を教育現場の教師にも投影して、行動することについてFrances G. Wickesが示唆している。[12)]

　学校教育は知識のみならず、人格的な発展をめざす陶冶が重要である。しかし、「いじめ」問題については、倫理的教育の必要性が問われているが、学歴優先社会の競争に駆り立てて受験のプレッシャーを与えているのは、如何なるところに問題があるかが問われている。

　親の養育態度と子どもの達成動機の関係において、愛着はパーソナリティの発達に重要なもので、愛着が形成されると、子どもは安全の基地を確保できて、探索などの積極的でやる気に満ちた行動をするようになる。しかし、十分な愛着が形成されないと、珍しいことに出会っても、好奇心より不安のほうが高く、萎縮してしまう。母親だけによる育児のおしつけの危険性は、父親不在は達成動機やマスタリー願望（成就の願望）などが低下するとされる。社会的慣習で、他人への自由と尊厳性を守る、団体生活、公衆道徳、公共性といった価値観のしつけは子どものことは母親にまかせるという伝統的な性別分業の慣行は、サラリーマン家族で強化されている。本来、しつけとは、両親の毎日の生活を真剣に、誠実に生きている姿を見せることが家庭の教育でしつけであると考えられる。

　好奇心や挑戦は学年が上がると、抑圧されて、なお、さらに失敗の経験が蓄積されると自信を失い本人の興味と一致しない目標が設定されていることも考えられる。

　内発的動機づけを促進するためには、乳幼児期から周囲の人々による社会的強化が重要であり、堀野緑は結果が失敗しても挑戦行動や自立的試みそのものに対して社会的支持が有効であると示唆している。[13)]

　一方で、無力感が形成され、自己否定や自己卑下にある子ども達が

　自己効力感を自覚すること、より自信を回復して活動への動機づけを高めるには、傷ついた自己原因性に焦点を当て、その回復を図る援助を行い、成功可能性への期待を高めることが有効である。

19.　討　論

　近年、目の疲れから肩こり、気力の減退、体のあらゆるところに、様々な身体的ストレスからの兆候が表れてきている。その行動は、「強い不安とストレス」によって、生きる自信を減少させて、「孤独感」をきたして、目標や希望をなくして、達成することそのものがなく、生きる意味のあるものがないので人生を頑張ることができない。

　大きな不安やストレスを抱えて、自信が持てない人が、「苦痛」から逃れたいと思い悩んでいる人が多い。そこで、「苦痛」から逃れたいと「激しい不安に駆られたり」、「強い不満を持った時」に別のことで紛らわそうとする。そこで「何か嫌なことがあった」時には「お酒を飲むと忘れられる」構造が学習される。同じ量では快感が得られなくなるために、さらに酒量を増やす連鎖が起こる。快感刺激には「耐性」があり、他の依存性と同じものと考えられる。

19－1　孤独を感じる者は若年層に高値である

　今回、日本と中国天津市と日本において、調査した結果「孤独」を感じる者は、若者層に高値で表れていた。1位はお金のことで心配する者で、中国天津市民で約7割の者に表れ、日本人は約5割の者に表れていた。

　日本人の2位は「以前に比べて些細なことで悩む」、48.9％で、3位は「何をしたらよいか決められない」36.1％であった。中国天津市

の2位は「何をしたらよいか決められない」、46.4％で、3位は「以前に比べて些細なことで悩む」38.2％であった。

　日本人と中国・天津市の人々における不安にかかわる項目は精神的徴候が強く発現されていた。とりわけ「今何がしたいか決められない者」・モラトリアム（精神的発達の自己の意思による遅延化行動）が、中国・天津市では2位となっているのに対し、日本では3位となっている。自己の教育や環境的な背景から考えた自分の位置に対して、社会進出が感じられなくなり、精神的成長をあえて自己遅延させるモラトリアムな行動をとる者が多くなっていると推測される。なお、日本人は「以前に比べて些細なことで悩む者」が2位で、中国・天津市では3位よりも多かった。

　これらの項目の不安項目は4つの脳の部位、大脳の神経伝達物質のセロトニンが分泌異常を起こすと嫌な状況を避ける行動が生じ、大脳辺縁系は不安や恐怖などの原始的感情を司りセロトニン分泌異常を起こすと不安を感じ続け、青斑核、視床下部は脳内に神経伝達物質ノルアドレナリンを放出して警報を送るとされる。これらの不安から逃れるために依存症になる者も報告されている。

　「孤独」を感じる出生年代の最多は1980〜1989年の56.8％、次いで、1990〜1993年44.0％、1960〜1969年40.9％、1950〜1959年36.7％、1970〜1979年33.7％、最少は1919〜1949年の27.3％であった。1980年代は、日本経済は安定成長を続けたが、しかし一方で、大都市の地価が暴騰、労働力不足と外国人労働者の流入、出生率の低下と寿命の延びによる社会の高齢化が問題化した時代背景である。

　ストレス耐性の低下と依存性の関係について、依存性の患者には社会で孤立している人や、大きな不安を抱えている人、自分に自信がもてない人が多く報告されている。

　筆者も日本人を対象に調査をした結果、強い精神的ストレスで不安を有する者は依存傾向があった。

図25　日本人のときどき孤独な感じがする者と相関のある兆候の順位

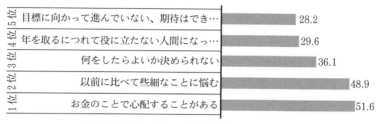

2015年日本人に対して平塚が調査　n＝596

図26　中国天津市のときどき孤独な感じがする者と相関のある兆候の割合の順位

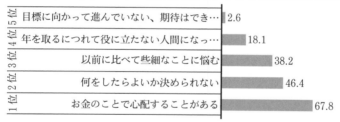

2015年中国天津市の住民に対して平塚が調査　n＝50000

19－2　ストレス耐性が低くひどい心配性で強い不安感にとらわれ やすい者と依存性や嗜好行動におぼれやすい関係において

　不安とは対照のない恐れ感情と定義されて、「不安」は身体症状を伴って、「動機や胸が締め付けられるような状態」「息が苦しい」「冷や汗がする」「体がふるえる」「めまい感がある」「手足のしびれ感」「脱力感」「頻尿」「のどが渇く」「眠れない」「頭痛」などの兆候があって、主として、自律神経系の交感神経の働きによるものとされる。

　不安を引き起こすパニック障害には、3つの症状がある。1つ目は

激しい動悸や発汗、頻脈、などの身体的症状が急に表れて、「このま
ま死ぬのではないか」という強い不安に駆られるパニック発作である。
発作は10〜30分ほど続く、検査をしても体に異常がないのが特徴であ
る。2つ目は予期不安で、「また起きるのではないか」という不安感
に襲われる。3つ目に外出恐怖で、次に発作が起きた時、「他人に見
られることなどを恐れ、人が大勢いる場所や、過去に発作を起こした
場所を意識的に避けるようになる」。パニック発作を治療せずに放置
すると、症状が悪化してうつ病を併発するケースもある。また不安か
ら逃れるために「アルコール依存症」になる人もある。

　「ストレス耐性が低く、ひどい心配症で強い不安感にとらわれやすい」
い」者は、「依存性や嗜好行動におぼれやすい」47.2%は、「依存性や
思考行動におぼれることはない」32.9%よりも多かった。ストレス耐
性が低く、ひどい心配性で強い不安感にとらわれやすい者は、依存性
や思考行動におぼれやすい者が多かった。その部位は、大脳、大脳辺
縁系、青斑核、視床下部である。これらの部位で神経系の機能異常が
起こり、パニック障害の引き起こしていると考えられると池谷裕二が
著している。[14]

図27　ストレス耐性が低くひどい心配性で強い不安感にとらわれやすい者は
　　　依存症や嗜好行動におぼれやすい

■ ストレス耐性が低くひどい心配性で強い不安感にとらわれやすい
■ ストレス耐性があって心配性で不安にとらわれない

依存性や嗜好行動におぼれやすい　47.2%　52.8%
依存性や嗜好行動におぼれることはない　32.9%　67.1%

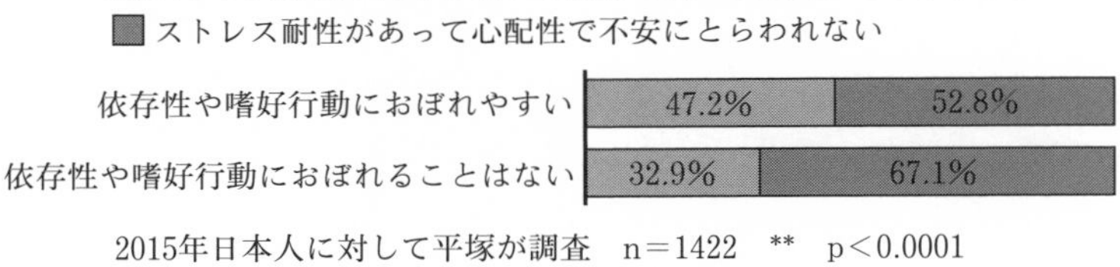

2015年日本人に対して平塚が調査　n＝1422　**　p＜0.0001

　ストレスの種類は、視床下部から下垂体、副腎皮質に働くか、ある
いは視床下部から交感神経に働くか、どちらが刺激されるかによって
免疫反応の方向が決定されることになる。

　ストレスホルモンと呼ばれるコルチゾールは、血糖値や血圧を上げ
たり、免疫反応をしずめ、炎症を抑えたりする。これらの反応は、体
がストレスに立ち向かうために必要な変化である。血糖値が上がれば、
脳に届く糖分が増え、情報能力が上がる、血圧が上がれば全身へ酸素
をおくりやすくなり、運動能力が上がる。炎症が抑えられると、痛み、
つらさは感じられない、しかし、過剰なコルチゾールの分泌が続けば
脳のニューロン、とりわけ記憶を司る「海馬のニューロン」がダメー
ジを受けることが明らかになっている。長期間のストレスを受けると、
コルチゾールの過剰分泌が続き、海馬（新しく経験したことを記憶する）
が委縮していく。

図28

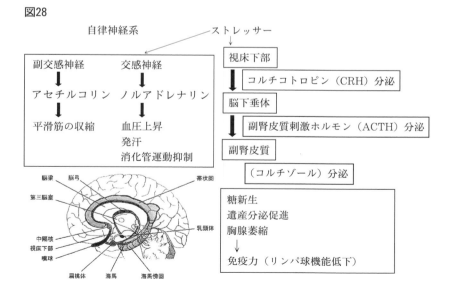

自律神経系　　　　　　　　ストレッサー

副交感神経　　交感神経　　　視床下部
　　↓　　　　　↓　　　　　　　↓　コルチコトロピン（CRH）分泌
アセチルコリン　ノルアドレナリン　脳下垂体
　　↓　　　　　↓　　　　　　　↓　副腎皮質刺激ホルモン（ACTH）分泌
平滑筋の収縮　血圧上昇　　　　副腎皮質
　　　　　　　発汗　　　　　　　↓　（コルチゾール）分泌
　　　　　　　消化管運動抑制

糖新生
遺産分泌促進
胸腺萎縮
　↓
免疫力（リンパ球機能低下）

脳梁　脳弓　　　　　　　帯状回
第三脳室
中隔核
視床下部　　　　　　　　乳頭体
嗅球
扁桃体　海馬　海馬傍回

19－3　お金のことで心配する出生年代

　日本人の「お金のことで心配する」者の出生年代において、「お金のことで心配する」者の最多は1980～1989年の59.5％で、次いで1990～1993年52.9％、1960～1969年50.0％、1970～1979年47.7％、1950～1959年40.0％の順で、最少は1919年の18.4％であった。80年代後半から91年初めまで大型の景気拡大が持続され、電電・専売・国鉄の民営化が実現した。しかしながら大都市の地価の暴騰、労働力不足と外国人労働者の流入、出生率の低下と寿命の延びによる高齢化が問題化した。

　1995年では、完全失業率3.2％、1996年においては、女子学生の就職難が申告され、完全失業率3.5％であった。なお、1991年半ば以降バブル経済の崩壊により、景気は一変して低迷に向かった。各企業が経営の効率化を進める過程で多くの失業者を出した結果、雇用不安が高まった。1997年に３％から５％に消費税の税率が高齢者福祉の財源として引き上げられたが、不況をいっそう長引かせる結果となった時代である。

　中国天津市では、「お金のことで心配することがある」者の最多の出生年代は、1970～1979年の87.2％で、次いで、1919～1949年69.2％、1990～1993年65.8％、1950～1969年60.9％、1960～1969年55.9％の順で、最少は、1980～1989年の53.2％であった。

　文化大革命の終了は1977年８月であった。中国は長い間、家族第一主義だったが、文化大革命時、毛沢東思想の貫徹と反革命派の排除ということで、肉親の間で、夫婦間の間で、密告が盛んとなり、お互いの間に強い憎しみや恨みを生じた。国民の間にアイデンティティ喪失の危機が生じ、頼れるのは“お金”だという“拝金主義”になってきたと、河合隼雄が著している。

　孤独問題が社会問題化している一つに、孤独感が高齢社会のみではなく、不況による雇用問題、現在は「新型コロナ」による社会問題が、人々にプレッシャーを与えている。両国とも経済、文化、社会問題が、孤独に影響を与えている結果ではないかと推測される。

19－4　日本人の孤独を感じる世代

　1980～1989年の出生者の51.6％の者が「お金のことで心配する」者が極めて多いといえる。この年代の景気は1980～1983年の低成長時代の不況があった。その後1986～1991年はバブル景気となって、円高で、地価高騰をきたし、その後、バブルの崩壊、リストラ、1991年からの平成不況と日本の経済状況は大きく変化した。

　1995年には阪神淡路大震災が起こり、1998年には金融危機が起こり銀行や企業が倒産していった時代でもあった。バブル崩壊後の平成の大不況では、金融機関は不良債権に苦しみ、金融機関の破綻は現実のものとなり、銀行の再編成が進んだ。

　この年代は、ロッキード事件やリクルート事件をはじめ政治不信を招く政治家の不正が続いた。このような時代の流れの変化は、日本人の持つ精神的な深層基盤に、人々の考え方や価値観に、多大な影響を及ぼしたと考えられる。

　日本人の孤独を感じる出生年代の最多は1980～1989年の56.8％、次いで、1990～1993年44.0％、1960～1969年40.9％、1950～1959年36.7％、1970～1979年33.7％、最少は1919～1949年の27.3％であった。

　親の養育態度から公教育においても重要である。現代社会に生きる私たちは、様々な出来事に怒りを感じたり、悲しみを覚えたりする。そうしたストレスやトラウマ、心的外傷がうまく解消されないと心理障害の原因になる。多くの場合自分の中に発生した感情を周囲の人と

コミュニケーションによって、解消している。西洋文化圏の人が感情を共有する相手は家族や配偶者、恋人、親友など親密な人であるが、東洋文化圏の場合は友人や知人、など、適度な距離のある人であり、家族や配偶者など密接な相手には打ち明けない傾向があると晨永光彦が示唆している[15]。

　子どもに根本的な信頼感が欠けているように思えるのは、両親に関わる問題を教育現場の教師にも投影して、行動する姿についてFrances G. Wickesが示唆している[16]。

　学校教育は知識のみならず、人格的な発展をめざす陶冶も重要である。しかし「いじめ」問題について、倫理的教育の必要性が問われているが、学歴社会の競争に駆り立てて受験のプレシャーを与えているのは、社会的・倫理的に如何なるところの問題か問われる。

　親の養育態度と子どもの達成動機の関係において愛着はパーソナリティの発達に重要である。愛着が形成されると、子どもは安全の基地を確保できて、探索などの積極的でやる気に満ちた行動をするようになる。しかし十分な愛着が形成されないと、珍しいことに出会っても、好奇心より不安のほうが高く、萎縮してしまう。

　母親だけに育児をおしつけることの危険性もあり、父親不在は、達成動機やマスタリー願望（成就の願望）などが低下するとされる。好奇心や挑戦は学年が高くなると抑圧されて、さらに失敗の経験が蓄積されると自信を失い本人の興味と一致しない目標が設定されていることが考えられる。内発的動機づけを促進するには、乳幼児期から周囲の人々による社会的強化が重要であり、堀野緑は結果が失敗しても挑戦行動や自立的試みそのものに対して社会的支持が有効であると示唆している。

　厚生労働省によると、日本の中学生と高校生の約4割、250万人が

病的なネット依存、もしくはその予備軍であると推計されている。さらに、約半数の生徒がインターネットの使い過ぎで成績低下を経験していると回答した。しかし、インターネット依存症は、2018年にWHO（世界保健機関）が公表した国際疾病分類「ICD-11」には含まれていない、病気として明確な定義がないが、「ICD-11」は、新たにゲーム障害（ゲーム依存症）を病気とする方針が示された。

　依存症の人は、自分では依存することが制御できない状態にある（コントロール障害）とされる。依存症の人は、社会で孤立している人や、大きな不安やストレスを抱えている人、自分に自信が持てない人が多いと報告されている。簡単に快楽がえられる手段を見つけ、それにより、一時的に消えるという体験をすることで、繰りかえし求める依存症は、「心の病（孤立の病）」であり、そこで孤独を防ぐことが依存症の回復につなぐことができる。

　孤独からの自立は、子ども時代からの遊びの参加にはじまり、『個』の確立、とりわけ『判断の独自性』『判断の主体性』であり、第2次世界大戦後の新たな日本人を育成するためにとられた『平和主義、民主主義』を目指したものであった。しかし、図29のごとく、「孤独な感じがする」者は、遊びの参加ができない嫌なことも拒否できない者が多く表れている。遊びの参加ができて嫌なことを拒否できる者の最多は、孤独な感じはない76.7％で、孤独な感じがする者は66.9％であった。

　学校教育基本法及び学校教育法に定められた教育の根本精神は、「人間尊重の精神と生命に対する畏敬の念を家庭、学校、その他社会において具体的な中に生かし、個性豊かな文化の創造と民主的な社会及び国家の発展に努め、進んで平和的な国際社会に貢献できる主体性のある日本人を育成すること」の「自由と他人への尊厳性」を謳っている。

19−5　日本人の孤独な感じがする者と遊びの参加が出来ない嫌なことを拒否できない関係において

　１人の時間は怖いものとして感じてしまい、結果的には孤独感が残ってしまい、「１人取り残されてしまったのではないかと」ネガティブに捉える日本人が多い。

　人間の子どもが成長するまでの期間は、ほかの動物に比べてかなり長い。フロイト、クライン、アンナ・フロイトをはじめ多くの精神分析医は、乳児期の母子関係の重要性を説いてきた。しかし、親子の関係から、それらを含めて家族、学校、地域社会へといく。

　その中で、「遊びの参加ができて、嫌なことが拒否できる」者は「孤独な感じはしない」76.7％は「孤独な感じがする」66.9％よりも多かった。

図29　孤独な感じがする者は遊びの参加ができない嫌なことを拒否できない

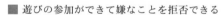
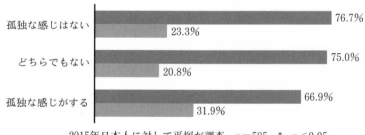

2015年日本人に対して平塚が調査　n＝585　＊　p＜0.05

　一方で、無力感が形成され、自己否定や自己卑下にある人々が、自己効力感を自覚すること、自信を回復して活動への動機づけを高めるには、傷ついた自己原因性に焦点を当て、その回復を図る支援を経る

こと、成功への可能性の期待を高めることが有効である。

　戦後の混乱期に教育を受けた両親から与えられる家庭教育は、「判断の独自性」「判断の主体性」に個性豊かな文化の創造民主主義的な社会及び国家の発展に努め、進んで平和的な国際社会に貢献できる日本人を育成するために極めて矛盾していたことは興味深い。

19－6　日本人の孤独な感じがする者は目標に向かって進んでいない関係

　ヒトは行動を起こすときに働く動機をモチベーションという。大きな目標は強いモチベーションがなければ達成できないことを、永田和哉が著している。

　脳の活動は「大脳皮質」で考え出したことを、「大脳基底核」に送り、そこで、いろいろ評価を加えて上で「視床」に送って、最終決断をして、また「大脳皮質」に戻して、実際の行動をおこすという順序になる。モチベーション行動は、報酬への期待と背中合わせである。

　「目標に向かって進んでいない」者は、「孤独な感じがする」49.0％は、「孤独な感じはない」28.2％よりも多かった。

　恐怖に遭遇した時の反応について視床から直接偏桃体へ送られるルートがあることがあり、偏桃体で、最終判断された感情が怒りや快感、恐怖を伝える脳内ホルモンに指示されて、ストレスによって脳のあらゆる活動が左右されることも推測される。

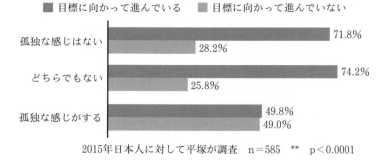

図30　孤独な感じがする者は目標に向かって進んでいない

■ 目標に向かって進んでいる　■ 目標に向かって進んでいない

2015年日本人に対して平塚が調査　n＝585　**　p＜0.0001

社会慣習的役割について、トゥリエル（Turiel, È.）が体系的に研究を表している。慣習は、社会的相互作用を円滑にし、社会的秩序を維持する。これらを、うまく処理することは、人は社会的に相互作用を円滑に実施できる重要な側面である。

　日本の家庭教育の問題点は、「親が子どもを甘やかしすぎている」「親と子供の会話、ふれあいが少ない」ことに対して1999年から総務庁対策本部が示していた。

　平成18年の教育基本法の改正において、家庭教育は、「親が意図的に子どもに働きかける場合」と、「日常生活で、自然に行われる場合」があるが、とりわけ後者の作用が持つ影響が大きいとされる。教育基本法の改正において、「生活習慣の取得」「自立心の育成」「心身の調和的発達」について、父母その他の保護者がこの教育について責任を有すると規定されている。

19－7　日本人の親子の関係と家族と一緒にスポーツをしたり出かけたりした思い出がある関係

家庭環境こそが、教育的な雰囲気の基礎になることを家庭環境には、

信頼され、安心感を与える者から放射される感情が満ちていて、子ど
もが抱く信頼の感情は、健全な人間的発達にとって、あらゆる教育に
とって、不可欠な前提である。

　「家族と一緒にスポーツをしたり出かけたりした思い出がある」者
では、両親からの愛情を持ってしつけを注がれたと感じる者91.0％は、
両親の愛情持ってのしつけが注がれなかったと感じる78.1％よりも多
かった。

　両親との愛情のあるしつけを受けた信頼感が、安全への欲求の満足
として展開していった関係は、「家族と一緒にスポーツをしたり出か
けた思い出」として固定させていると推測される。

　図31　親子の関係と家族と一緒にスポーツをしたり出かけたりした
　　　　思い出がある関係

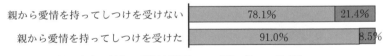

　　家族と一緒にスポーツをしたり出かけたりした思い出がある
　　思い出がない

親から愛情を持ってしつけを受けない　78.1%　21.4%
親から愛情を持ってしつけを受けた　91.0%　8.5%

　2012年日本人に対して平塚が調査　n＝856　**　p＜0.001

19－8　孤独や依存の予防法や対処行動

　依存症を引き起こしてしまうのは脳の「報酬系」と呼ばれる神経系
の回路が深く関係している。

　脳の報酬系は人に快楽（喜び）をもたらす神経経路が、親や友人か
ら褒められると、報酬系の神経細胞（ニューロン）どうしで、「ドーパ
ミン」と呼ばれる神経伝達物質のやり取りができ、その結果、快楽を
覚える。

　簡単に達成感が得られる（ドーパミンが出る）行為でも同様に報酬系

で学習がおき、逆に精神依存が引き起こされる可能性もあり、脳が快楽を覚えるしくみは依存症にも関わっている。依存症は大きく３つに分けられる。１つ目は「行動依存」で、買い物やギャンブルのような特定の行動に依存する。２つ目は「物質依存」で、薬物などの物質に依存する。３つ目は「関係依存」異性や親子など、自分以外の人との関係に依存する。とりわけ、アルコール依存になると、「酒を飲みたい」という欲求が大きくなっていくが、前頭葉が委縮しているため、抑制のブレーキがかからなくなる。

　依存症は「社会で孤立している人や、大きな不安やストレスを抱えている人、自分に自信が持てない」人々である「心の病」とされている、「孤立を防ぐこと」の必要性は、子ども時代からの自助グループが重要であり、家族のしつけや、思い出が残る体験、学校・社会環境による過去の体験などによって、その後の仕事が上手くできる、自己の尊厳性の保持ができる、今を生きる「目標」がある、「無気力・無関心・意欲の低下」を感じることがなく、社会人としての育成が強化されると考えられる。

19−9　親子の関係と他人と話し合って協力して上手く仕事ができる

　人間が集団の中で生きていくためには、自らを社会化させなければいけない。

　「他人と話し合って協力して上手く仕事ができる」者は、「両親からの愛情を持ってしつけを注がれたと感じる」者84.9%は、「両親の愛情あるしつけを、注がれなかったと感じる」者75.6%よりも多かった。社会化とは個人が他者と関係を持つことで進化させる人間の自覚である。出生時には全く特殊化されていない存在としての人間が、特定の社会的文化的環境刺激に遭遇することによって、特殊な独自の行

動形態、行動範型へと自分のパーソナリティを特殊化して、固定化させていくプロセスを社会化とする木村昌幹が表している。[17] 両親の愛情のあるしつけを受けた信頼感が、安全への欲求の満足として展開していったと推測される。

図32 親子の関係と他人と話し合って協力して上手く仕事ができる

■ 他人と話し合って協力して上手く仕事ができる
■ 他人と話し合い上手く仕事ができない

| 親から愛情を持ってしつけを受けない | 75.6% | 23.4% |
| 親から愛情を持ってしつけを受けた | 84.9% | 14.1% |

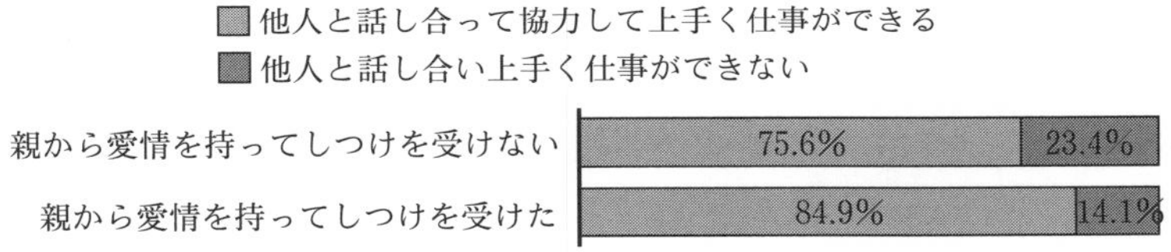

2012年日本人に対して平塚が調査　n＝856　**　p＜0.001

19−10　家族と一緒にスポーツをしたり出かけたりしたことの思い出が残っている者と自分は大切な人間であると認識する

人間が他の動物とは違って高度な思考をつむぎだしたり、判断したりするトータルな機能、人間らしさを発揮するための機能のほとんどは大脳皮質が受け持っている。

大切な人間であると認識する者は、自分に無理が生じたときに、線をひくことができることが重要である。

「自分は大切な人間であると認識する」者は、家族と一緒にスポーツをしたり、出かけたりしたことの思い出が残っている59.5％は、思い出が残っていない37.8％よりも多い。

図33　家族と一緒にスポーツをしたり出かけたりしたことの思い出が
　　　残っている者と自分は大切な人間であると認識する

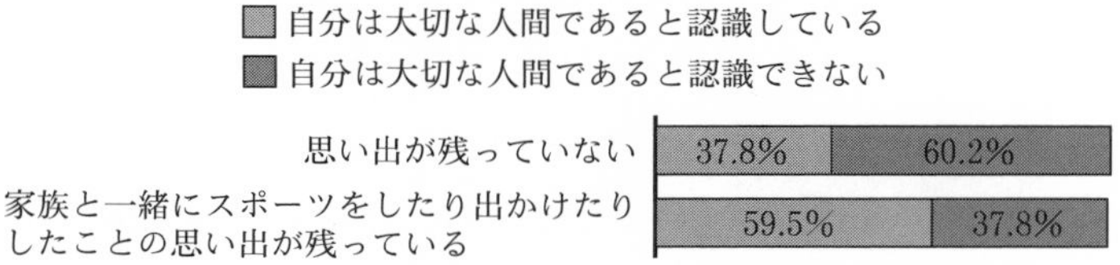

■ 自分は大切な人間であると認識している
■ 自分は大切な人間であると認識できない

思い出が残っていない　　　　　　　　37.8%　　　　60.2%
家族と一緒にスポーツをしたり出かけたり
したことの思い出が残っている　　　　59.5%　　　37.8%

2015年日本人に対して平塚が調査　n＝856　**　p＜0.001

19−11　家族と一緒にスポーツをしたり出かけたりしたことの思い出が残っている者と目標に向かって進む

　バンデューラ（Bandura, 1991）の提唱する人は刺激に対して反応するだけでなく、まず何をしようかを考え、それに基づいて基準や目標を設定して、自己監視をしながら、自らを動機づけている考えを出している。ヒトが何か行動を起こすときに働く動機をモチベーションというが、「モチベーション」を保たせる、やる気スイッチを押すのは神経伝達物質「ドーパミン」が放出される。目標はモチベーションがなければ達成できない、「大脳皮質」で考え、「大脳基底核」に送り、そこで評価を加えて「視床」に送り最終決定をし、また「大脳皮質（前頭連合野、前運動野、運動野、体制感覚野）に戻して実際の行動を起こす。認知と行動のコントロールをする回路を「運動系のループ回路」と永田和哉が著している。[18]

　「目標に向かって進んでいるという期待感がある」者は、「家族一緒にスポーツをしたり出かけたりしたことの思い出が残っている」62.3％は、「思い出が残っていない」39.8％よりも多い。運動も褒められたり、認められたりして「よいこと」だと脳が判断するような環境づくりをしていたと推測される。

図34　家族と一緒にスポーツをしたり出かけたりしたことの思い出が
　　　残っている者と目標に向かって進む

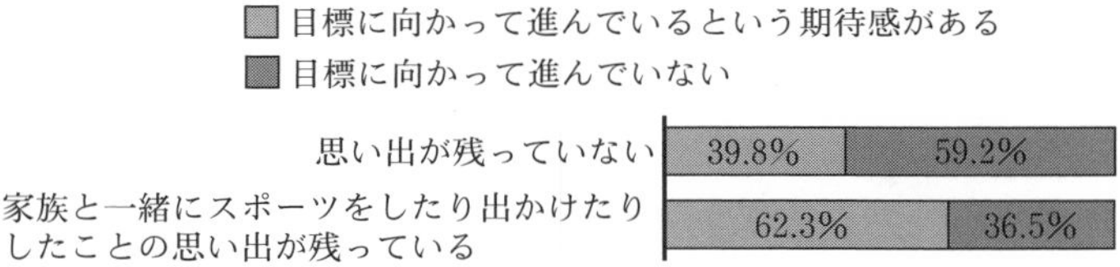

■ 目標に向かって進んでいるという期待感がある
■ 目標に向かって進んでいない

思い出が残っていない	39.8%	59.2%
家族と一緒にスポーツをしたり出かけたり したことの思い出が残っている	62.3%	36.5%

2015年日本人に対して平塚が調査　n＝856　**　p＜0.001

19−12　家族と一緒にスポーツをしたり出かけたりしたことの思い出が残っている者は他人と話し合ってうまく仕事ができる

　人間は、社会なるものを作り社会生活をすることで、生き延びることができた。

　子どもの社会的行動は父親のかかわり方や父親との遊びによって影響されることを指摘し、子育ての中の父親が幼児の社会生活能力を影響力をもつかについて検討した。社会生活能力は、「身辺自立」「移動」「作業」「意志交換」「集団参加」「自己統制」など、社会性を育てるうえで必要とされると堀野緑が著している。[19]

　「他人と話し合って仕事がうまくできる」者において、家族と一緒にスポーツをしたり、出かけたりしたことの思い出が残っている62.3％は、思い出が残っていない39.8％よりも多かった。

図35　家族と一緒にスポーツをしたり出かけたりしたことの思い出が
　　　残っている者と他人と話し合って仕事ができる

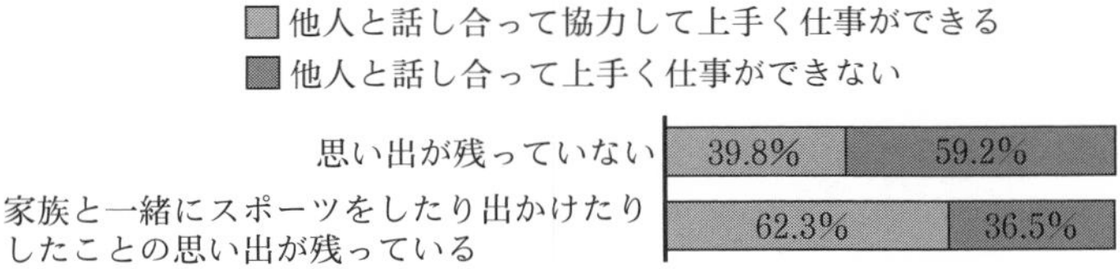

■ 他人と話し合って協力して上手く仕事ができる
■ 他人と話し合って上手く仕事ができない

思い出が残っていない	39.8%	59.2%
家族と一緒にスポーツをしたり出かけたり したことの思い出が残っている	62.3%	36.5%

2015年日本人に対して平塚が調査　n＝856　**　p＜0.001

19-13 家族と一緒にスポーツをしたり出かけたりした思い出のある者と無気力・無関心・意欲の低下の関係

自我同一性拡散症候群は、エリクソンによって 提唱された。その一つに、先行きの展望を持つことができず生活全般が緩慢になり、無気力・空虚感もある。無気力反応の発症は、男は女よりも多く、発症年齢は17歳から30歳であることを吉川武彦が著している。[20]

「無気力・無関心・意欲の低下を感じる」者において、家族と一緒にスポーツをしたり、出かけたりした思い出が、残っていない52.0%は、家族と一緒にスポーツをしたり、出かけたりしたことの思い出が残っている33.3%よりも多かった。

図36　家族と一緒にスポーツをしたり出かけたりしたことの思い出が
　　　　ある者と無気力・無関心・意欲の低下の関係

■無気力・無関心・意欲の低下を感じる
■無気力・無関心・意欲の低下はない

思い出が残っていない	52.0%	45.9%
家族と一緒にスポーツをしたり出かけたりしたことの思い出が残っている	33.3%	65.5%

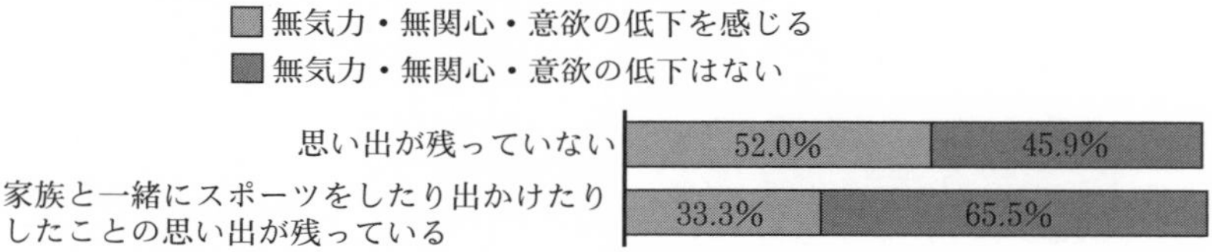

2015年日本人に対して平塚が調査　n＝856　**　p＜0.001

19-14 孤独の教育は目標のある人とつながる社会力を養うことである

日本人は、「自己確立ができず、目標に向かう者がなく、不安感を増大して孤立している」人、生きるためには意味のない（目標のない）状態では、明日の見えない現実社会を生きていくことは困難ある。日本政府も"孤独"は「個人の問題」ではなく「社会の孤独問題」と考え、"孤独"に対する社会対策が急務であり課題と考えて孤独担当大臣を創設した。

産業社会の本質は「ものをつくり出す」（無から有をつくり出す）ことである。教育のかたちとは、親やその親たちがわが子や孫たちに生きる術や心得を伝えることである。個々の人々の善き生き方は、単独で社会で孤立して実現できることではない。人は人とつながり社会をつくる力としての社会力を育てることが、結果として、社会の発展につながることであると、門脇厚司が示唆している。[21] 日本国民の精神的基本となる小学校学習指導要領昭和33年に制定された「人間尊重の精神を家庭、学校、その他社会における具体的な生活の中に生かし、個性豊かな文化の創造民主的な社会及び国家の発展に努め、進んで平和的教育によって国際社会に貢献できる」日本人を育成するための「個の確立」「判断の自主性」「判断の主体性」を教育目標にしている。

19−15　日本・中国・英国における孤独の状況にどう対応するか

日本人の孤独に関する影響として、「身体反応として、生理的、情緒的高揚やその他で気分が、高揚することがあった」80.2％の者が現れていた。「うろたえやすい方である」53.3％、「お金のことで心配することがある」51.6％、「達成するために、簡単すぎる目標を選んでしまう」50.8％、「目標に向かって進んでいるという期待はない」49.2％、「今年は以前に比べて些細なことで悩むことが多い」48.9％、「時々心配事があって眠れなくなることがある」40.2％、「私は何をしてよいか決められない」36.1％、「子どものころ"遊びの参加"ができない、"嫌なことを拒否"ができない」31.9％が現れていた。これらは、30％以上の者が「孤独」との関連において現れていた。

世界でも日本は、高齢者の孤立度が高く、悲惨な孤立死が多発している。とりわけ1980〜1989年出生では56.8％で、次いで、1990〜1993年44.0％である。1960〜1969年40.9％、65歳以上の高齢者1950〜1959

年の出生では36.7％であった。今年、日本でも孤独問題担当大臣が2021年2月19日対策室を設置した。今後は国を挙げて「孤独」に取りくむ必要があるのは、「幸福感」のある生活満足度、感情的安定感の感じられる社会であって、「お金の不安を持たずにすむ社会」であることが必要である。筆者が英国でトレーナとして研修を受けた経緯から、日本は英国よりも悲惨な状況にあることを考える。

　中国天津市において青年層に非常に高い値にあることが表現されていた。「孤独」を感じる者の最多の出生年代は、1990～1993年79.5％で、次いで1960～1969年72.3％、1950～1959年71.5％、1919年71.1％、1970～1979年57.6％、最少は1980～1989年43.7％であった。

　英国においては、2018年10月に、高齢社会で、孤立で困っている人々が7人に1人に急増し、65歳以上の高齢者では約10人に3人が孤立を感じながら生活して、10人に1人は1か月以上だれとも会話しないで、「テレビやラジオが唯一の友達」であり、孤独問題は社会問題化しているとされる。なお、孤独問題は各年代層でおきている問題として、個人の問題だけでなく、社会的損失を考慮し、社会的戦略として、孤独問題担当国務大臣を設置した。

【文献】

1 ）洋泉社MOOKビジュアル伝記、毛沢東：中国を建国した"20世紀の巨人"、洋泉社、2016年

2 ）三河さつき、2010年日本vs.中国！、別冊宝島1670号、宝島社、2010年

3 ）堀野緑、子どものパーソナリティと社会性の発達、北大路書房、2000年

4 ）永田和哉監修、小野瀬健人著、脳とココロ、かんき出版、2003年

5 ）平塚儒子、子育て支援、時潮社、2011年

6 ）池本薫、社会の変化と教育改革、アドバンテージサーバー、1999年

7 ）小倉啓宏、保健医療行動科学辞典、メヂカルフレンド社、1999年

8 ）木村昌幹、脳と心の秘密がわかる本、学研プラス、2016年

9 ）前掲書4 ）と同じ

10）河合隼雄、人間の心と法、有斐閣、2003年

11）前掲書4 ）と同じ

12）Frances G. Wickes、子どもの時代の内的世界、海鳴社、1996年

13）前掲書3 ）と同じ

14）池谷裕二監修、（大人のための図鑑）脳と心のしくみ、新星出版社、2018年

15）晨永光彦、面白いほどよくわかる社会心理学、日本文芸社、平成15年8 月

16）前掲書12）と同じ

17）前掲書8 ）と同じ

18）前掲書4 ）と同じ

19）前掲書3 ）と同じ

20）吉川武彦・竹島正、精神保健マニュアル、南山堂、2003年

21）門脇厚司、社会力を育てる——新しい「学び」の構想、岩波書店、2010年

日本と中国天津市の調査用紙

1）－1．調査区域は日本と中国天津市であった。

1）－2．アンケート調査は1919～1993年に「いのちと心」から「孤立している、不安、ストレス」を最もよく反映できるものに限定した。

1．次のようなことについて回答してください	良いことだと思うし、よく行っている	良いことだと思わないが行っている	良いことだと思わないが行っている	良いことだと思わないので行わない
①電車で高齢者や妊婦に席を譲る				
①いじめやハラスメントを目撃したら通報する				
②道にゴミを捨てる人を注意する				
③みんなの意見と違っても自分の意見を言う				
④試験でカンニングしている人を見ても見ぬふりをする				
⑤ヒトの悪口を言う				
⑥相手の気分がよくなるようなうそをつく				

2．次のようなことについて回答してください	はい	どちらでもない	いいえ
①私は、何をしたらよいか決められない			
②私は、目標に向かって進んでいるという期待がある			
③私は、ときどき孤独（こどく）な感じがする			
④私は、今年は依然にくらべてささいなことで悩（なや）むことが多いです			
⑤私は、年をとるにつれて役に立たない人間になってきているように思います			
⑥ときどき心配事があって眠（ねむ）れなくなることがあります			
⑦私は、うろたえやすい方です			
⑧金のことで心配することはありません			
⑨日の生活に生きがいを感じています			
⑩配偶者や異性との付き合いに満足している			
⑪ときどき人生は生きるに値しない者だと感じる			
⑫体の具合はよくないと思う			
⑬達成するために簡単すぎる目標を選んでしまう			
⑭遊びへの参加ができて、嫌なことが拒否できる			

急激な社会変動が人々に影響を及ぼす糖尿病

東京医療保健大学和歌山看護学部　宇城靖子

　血糖値が慢性的に高い状態が続くと血管の劣化は弾力性が失われて固くなり、血液の流れが滞る（動脈硬化）によって心臓の筋肉に栄養や酸素を送っている血管が詰まる（心筋梗塞）、脳の血管が詰まると（脳梗塞）になる。血液をろ過する腎臓の毛細血管が詰まれば（腎症）になる。眼の網膜の細い血管が出血すると（網膜症）になって失明につながる。細い血管のしびれなどの症状がでる（神経障害）がある。この腎症、網膜症、神経障害を糖尿病三大合併症と呼ばれる糖尿病は、全身をむしばむ病気であり、世界保健機関（WHO）は、全世界で増加傾向にあるので、世界保健機関も危機感を示している。

　外国人の中には体重が200キログラムを超えるような人が結構いる。日本人の場合はそこまで肥満した人は滅多に見かけない。日本人はそこまで太る前に糖尿病になり、そうなると糖が利用できなくなって、痩せにくい。そして完全に糖尿病になってしまった後では、痩せても膵臓の機能の回復は難しくなる。幼少時の栄養状態が関係しているのかもしれない。またストレスが過食を引き起こしている場合も多く、ストレスのもとを取り除くことも有効である。一番いいのは肥満にならないことであるが、太りやすく肥満に弱い日本人は用心が必要である。

　昭和20年代は、糖質（ごはんや芋）を500ｇ、今では280ｇ、脂質脂肪

は18ｇから60ｇと増加の傾向にあって、食生活は欧米化しつつあると
いわれ始めた時代であるが、欧米の人々の脂肪の摂取は100ｇであっ
た。しかし、肥満の程度は明らかに日本人に比べて軽度である。だが
日本人の糖尿病は激増している。長年培ってきた民族的体質にマイナ
スに作用していることが考えられる。

　食生活の文化は、いかに豊かになろうと、胃袋の大きさ以上に食欲
を満たすことは不可能で、人間にとって食べる量には限界がある。

　標準体重の人の脂肪細胞と肥満の人でインシュリン抵抗性をきたし
にくい日本人の歴史的な体の特質をもっている。食生活においては、
満腹感になり、栄養摂取という生物的欲求が満たされると、より美味
なもの、好みに合うものを求め、嗜好の形で、発展していくのである。
この問題は風土・民族性と根深く結びつき、それが生理的・心理的な
味覚をつくり、容易に文化的な枠を超えられない。本論は、民族的体
質にマイナスになってきた要因について表すことにする。

糖尿病に影響するインシュリンについて

　細胞がブドウ糖を取り入れるとき、必ずなくてはならないのはイン
シュリンというホルモンであるが、細胞の表面にインシュリンが触れ
ることによって、細胞の表面にあるレセプターが、細胞の入り口のド
アをひらいて、ブドウ糖を取り入れることができるのである。つまり、
インシュリンがないと、ブドウ糖は細胞に入ることも、エネルギーに
なることもできないのである。常に人はブドウ糖を燃やし、エネルギ
ーを作り続けなければ、生きていけない生き物である。脳の細胞はブ
ドウ糖の供給が途絶えると数分で働きを停止してしまう。しかしなが
らその働きが十分でないと、ブドウ糖は細胞の中に入れず血液中にた

まって血糖値が上がる。腎臓の再吸収能力を越してしまうと、尿とともにブドウ糖が排泄されて、これが糖尿病である。

　糖尿病の研究が進み、1921年、カナダのBantingとBestがインシュリンを発見した（葛谷健、2017）。インシュリンは主に血中ブドウ糖の制御を行っており、1922年に初めてインシュリンの使用がされた。第二次世界大戦下（1939-1945）の日本では、カロリー消費が著しく減少し肥満と糖尿病ともに低下したが、1945年の第二次世界大戦後、栄養過多と運動不足など生活様式の西洋化により２型糖尿病が増加した。1950年代に１型糖尿病に対するインシュリン療法が、1955年以降、経口血糖降下剤が２型糖尿病に処方されるようになった（K.F.カイブル編、2006）。

　肥満の程度を表す国際的な尺度、体格指数（BMI）で計算するとBMI25未満を普通体重と判定すると、米国白人の糖尿病はBMI30以上が肥満体であるのに対し、日本人のBMIは糖尿病でない人よりもわずかに高いものの普通体重におさまっている。日本人を含む東アジア人のインシュリンは、欧米白人の４分の１しかないとされるが、日本人は少なくも健康でいられるのは、インシュリンの働きかけに人種差があり、血糖値の下がりかたも明らかにされている。しかしながら、日本人のインシュリンはどうして効かなくなってきているかについて、内臓脂肪を減らすために有効な、歴史的食物繊維摂取と食品、日常生活の変化が、老化、運動・筋肉の基礎代謝率との関係も影響していると考えられる。

糖尿病とは

　インシュリン作用不足による慢性の高血糖状態を主徴とする糖代謝

異常の疾患である。1型糖尿病は、インシュリンを合成・分泌する膵ランゲルハンス島β細胞の破壊・消失によるインシュリン作用不足が原因である。2型糖尿病は、インシュリン分泌低下やインシュリン抵抗性をきたす素因を含む複数の遺伝因子に、過食、高脂肪食、運動不足、肥満、ストレスなどの環境因子と加齢が加わり発症する（日本糖尿病学会編、2020）。

　糖尿病の判定基準は、①早朝空腹時血糖値126mg/dl以上、②75gOGTTで2時間値200mg/dl以上、③随時血糖値200mg/dl以上、④HbA1c6.5％以上、①から④のいずれかが確認された場合「糖尿病型」と判定する。

　糖尿病合併症には急性合併症として、糖尿病ケトアシドーシス、高浸透圧高血糖症、感染症がある。慢性合併症には、細小血管障害として糖尿病の三大合併症の糖尿病性網膜症、糖尿病性腎症、糖尿病性神経障害がある。比較的太い血管の動脈硬化を伴う脳血管疾患・虚血性心疾患、動脈硬化性疾患が、さらに糖尿病性足病変、歯周病、認知症などがある。

　糖尿病の治療は、食事療法、運動療法、薬物療法がある。特に2型糖尿病の治療は、食事・運動療法が基本である。

　食事療法：エネルギー摂取量は、性、年齢、肥満度、身体活動量、合併症の有無によって決定される。一般的な摂取エネルギー量は、標準体重×身体活動量で算出する。必要なエネルギー摂取量を継続するために、食品交換表（食品の栄養素によって4群6表に分類しエネルギー量80kcalを1単位として表している）をもとに、食品をバランスよく置き換えることが推奨されている。肥満の場合は、5％の体重減少を目指す。バランスよくとは、指示エネルギー量の50～60％炭水化物で、繊維の多いものを選ぶ。たんぱく質は20％まで、脂質は25％が一般的

な配分である。奥田は糖尿病が増えた原因にカロリー総摂取量に占める脂肪の割合が上がり、炭水化物摂取量が下がったことが影響していること、つまり、終戦後、脂肪摂取量7％が、1990年以降25％以上に上がったことを表している（奥田昌子、2017）。

　運動療法：血糖値の低下と合併症予防のため有酸素運動として歩行、ジョギング、水泳などが行われ、1日20分以上の運動持続が望ましいとされている。厚生労働省は1日に男性8,000歩、女性7,000歩を推奨している。

　薬物療法：経口血糖降下剤とインシュリン治療がある。

　筆者の療養指導経験から患者さんの声を述べる。主食の量を2割減らした。コーヒーに砂糖を入れないようにした。間食をしなくなった。清涼飲料水をお水、お茶に変更した。野菜を多くとるようにした。薄味にしている。飲酒量を減らした。天ぷらの食べる量を減らし、ウォーキングは40分から1時間程度を毎日行い血糖値が改善したという声をきくことができた。

糖尿病に影響する食事と産業の変化について

　人類全体としてホモサピエンスがこの世に現われてから数万年をかけて、緩やかなスピードで進化が進んでいった。日本社会でも明治以降起こった産業革命以降になって、食事のパターンが大幅に変わったものの、現代人の体のしくみは石器時代のままで、祖先たちの食事に適したままである。なお、私たちの体は長い進化の過程で生命活動を維持するためにエネルギー源として蛋白質と結合しにくいブドウ糖を選んだのである。

　現在の日本人の食卓に変化がみられるのは1960年ころである。伝統の日本食の上に急激に西欧食が入ってきたことで、人間（日本人）の体が適応しきる状態であるのかが、高血糖が生理学的に問われている。外国の食事のメリットも取り入れた新しい食事を考えて、ブドウ糖が緩やかに吸収されて、次に続く病気を予防して、引き起こさないための、今日の予防上の問題であって、病んでいる現代人の直面する課題である。食事、ストレス、運動不足、BMI、潜在的な時代背景がかかわっていると推論された。

　新しい文明システムの展開において、鬼頭は、食料生産力の向上と人口を増大させたことについて、食の文明システムの比較から表している。縄文システムの主食は堅果類、魚介類、水稲農耕化システムは、コメ、経済社会システムは、コメ・雑穀、工業化システムは、コメ・雑穀・サツマイモと多様化し、弥生時代以降は水稲農耕化システムが米の量産として文明システムの発展を表している（鬼頭宏、2007）。

　日本に稲作が入ってきたのは紀元前1000前年ごろ朝鮮半島から伝わったとされる。1880年代に入り、日本の産業革命は軽工業から始まっていった。1929年10月、米国ウォール街での株価の大暴落を契機として世界大恐慌が始まった。1930年1月、その世界恐慌の影響が日本に波及し庶民の生活は破綻。都市では労働争議、農村部では小作戦争が激増し、その後、戦争への道を歩んでいった。1945年8月15日、日本の無条件降伏で戦争は終わり、日本は連合国の占領下におかれ、民主主義国家へと変容していった。このころの日本人の食生活は飢餓線上すれすれで生き、栄養失調も多数いた。食生活が戦前の水準に戻ったのは1955年ごろからであった。

　近年は第3次産業主流の時代を迎え、生活の多様化、産業の情報化、高度化、高齢化の変化に精し、精神心理的ストレスが付加されて、内

分泌代謝系においても、肥満症、糖尿病はストレッサーの健康破綻として表れている。疾病構造、急性疾患よりも慢性疾患が中心となり、なお高度に管理された現代社会、高齢化の社会を反映した疾病となり、社会心理学的なストレッサーが免疫力を含む生体防御機能に変動をきたすことが明確になった。森本は、視床下部から感知したストレッサー刺激は、副腎の髄質に刺激を与え、カテコールアミンが膵臓のインシュリン分泌の抑制、血糖値上昇、血管収縮、心拍数増加、脂質代謝促進など、身体的なストレス反応を誘発する役割があると示唆している（森本兼壽、1997）。

　糖尿病のある者の出生年代の調査結果から、糖尿病発症年代までの生活と社会の動きを検討し、肥満と糖尿病、糖尿病とストレス、糖尿病と認知症、糖尿病と運動、糖尿病予防・対処について検討した。

1．糖尿病の疫学

　糖尿病の発症は、厚生労働省「国民健康・栄養調査」（表１）によると、平成28年（2016）、糖尿病が強く疑われる者（ヘモグロビンA1c6.5％以上）1,000万人、糖尿病の可能性が否定できない者（ヘモグロビンA1c値が6.0％以上〜6.5％未満）1,000万人で合計2,000万人と推定されている。平成9（1997）年からの年代順に糖尿病発症者数を見てみると、糖尿病が強く疑われる者と糖尿病の可能性が否定できない者の合計1,670万人で、平成14（2002）年の合計1,620万人、平成19年（2007）の合計2,210万人と多くなっており、それ以降、平成24（2012）年の合計2,050万人、平成28（2016）年の合計2,000万人と減少傾向にある。これは健康21などの施策的取り組みが影響していると考えられた。「性別にみた糖尿病の状況」において糖尿病の発症年齢は男女とも50

歳以降、その割合が高くなっている。

表1　年次別にみた糖尿病の状況

	糖尿病が強く疑われる者（万人）	糖尿病の可能性が否定できない者（万人）
平成28（2016）年	1,000	1,000
平成24（2012）年	950	1,100
平成19（2007）年	890	1,320
平成14（2002）年	740	880
平成9（1997）年	690	680

国民衛生の動向（2020/2021）、厚生労働統計協会、p.91.2020. データ引用作成

　図1「糖尿病のある者の出生年代」2015年、平塚儒子*の調査結果をみてみると多い年代順に、1940〜1949年（66-75歳）生まれが36.2%と最も多く、次いで、1930〜1939年（76-85歳）生まれと1950〜1959年（56-65歳）生まれが、21.3%であった。糖尿病のある者の出生年代での調査結果、56歳以降、増加傾向にあることと、「国民健康・栄養調査」50歳以降とほぼ同様の結果であった。

　　*平塚需子、あなたの骨の健康　アンケート調査、一般住民の全国調査、2015、
　　n＝1879、引用

図1　糖尿病のある者の出生年代

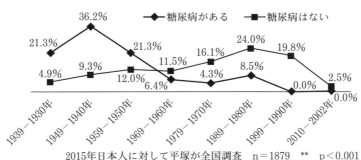

2015年日本人に対して平塚が全国調査　n＝1879　**　p＜0.001

1－1　世界の糖尿病有病率

　世界の216か国の20〜79歳の糖尿病有病率（有病者数）は、2011年は8.3％（3億6,600万人）で2030年に9.9％（5億5,200万人）になると推計されている。

　これらの90％は2型糖尿病であると推定され、2011年の推定糖尿病有病者数の上位国は、第1位、中国（約9,000万人）、第2位、インド（約6,130万人）、第3位、米国（約2,370万人）、第4位、ロシア（約1,260万人）、第5位、ブラジル（約1,240万人）、第6位、日本（約1,070万人）であると示されている（門脇孝、2016）。

2．糖尿病と社会変動

2－1　年代別の生活と社会の動き

　以下に、糖尿病発症が多い年代の1940年代から生活と社会の動きを検討する。

　1940年代は戦争中、戦後直後でもあり、混乱のドン底をきわめ、人々は何よりもまず食を求めた。闇市、食料の配給量が減少した。都会

はタケノコ生活を強いられ、一方、農村は、米や麦やイモとの交換物で、多くの農家は古道具屋なみになったと揶揄され、闇ぶとり（闇の売買）といわれた。

着物 をイモと米に

1950年代

1950（昭和25）年代は、食糧難が徐々に回復していく中、街には和・洋・中華食の店が数多く並びはじめ、米飯の食べる割合が減少した。学校給食や、家庭の朝食にパン食、牛乳や乳製品が取り入れられ、インスタント食品の麺類も広く日常生活に取り入れられた。1951（昭和26）年、サンフランシスコ講和条約、日米安全保障条約が締結され、翌52年4月、日本は主権を回復し復興する。この時期、ビアホールに婦人客が増える。主食の統制を撤廃された。1952（昭和27）年、不二家のペコちゃんの「ミルキー」を、森永製菓が「チョイスビスケット」を販売、即席カレーが人気となった。1953（昭和28）年、NHKがテレビ放送を開始した。1954（昭和29）年、日航がわが国初の国際線を運航した。この時期、麺類食堂が全国1万6千件になる。日本は長期好景気に恵まれ、経済は戦争前の水準に回復した。また、国連に加盟した。1958（昭和33）年には、東海道線に新特急こだま号の運転が開始され交通網も発展した。

1960年代

　1960（昭和35〜）年代、高度成長期、あらゆる産業が急激に発展した。企業や学校教育など社会のあらゆる領域に競争主義的秩序ができ、人間の可能性がテストや企業成績で評価されるようになった。消費ブーム、レジャーブームが起こり、カラーテレビ本放送が始まる。この時期、電化製品に冷蔵庫が広まり、インスタントなどの加工食品が多く出回るようになった。奥田は冷蔵庫の普及で保存方法が変わったため塩漬けるものが少なくなり、塩分摂取量低下になったと言う（奥田昌子、2019）。その後も、自動保温付き電気釜、脱水槽付き2槽洗濯機、やぐらこたつなど、家庭生活が電気製品によって便利になり、家事の省力化となった。二輪車（バイク）の生産台数が149万台になり、国内線の航空旅客100万人、国際線旅客10万人を突破した。高嶺の花といえ、一般の人々も海外に行けるようになってきた。

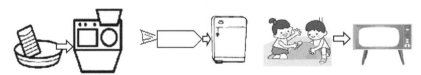

たらいの洗濯が洗濯機　魚の塩漬けから冷蔵庫保存　外遊びから内遊びに変化

　さらに、都市の生活の洋風化、食生活では、魚菜より肉乳卵へ変化した。この食生活の変化が身体に影響することについて、奥田は動物性たんぱく質と脂肪の摂取量がぐんぐん増え、それとは対照的に炭水化物の摂取量が減少してきた。魚の摂取量が少なくなると、脳出血予防に有効である魚に含まれる含硫アミノ酸（EPA）といわれる成分摂取が減少しているといわれている（奥田昌子、2019）。この魚の摂取量が不足することが生活習慣病に影響すると考えられる。また、日本酒

離れが始まり、ウイスキーへと変化していったのもこの時代である。

　1961（昭和36）年、全国交通事故者数32万人、交通戦争の言葉も広まった。核家族化が進み、全世帯の68％になった。この時期、貿易の自由化の波のなかで食品の自由化（ビール、スパイス、大豆、インスタントコーヒー）がはじまった。1962（昭和37）年、農業人口が全労働力の３割をわり、農業の省力化（機械化）が始まる。一方、この時期、スーパーマーケットが急増した。1963（昭和38）年、自動車総保有台数500万台突破、乗用車100万台突破した。1964（昭和39）年、東京オリンピックが開催され、東海道新幹線や名神高速道路が整備されていった。1965（昭和40）年、乗用車保有台数200万台突破、普及率1,000人に19.2台となる。東海道新幹線によって東京―大阪間がスピードアップされた。そんななか、運動不足解消のため、「１日１万歩運動」が推奨された。食生活に目を向けると、この時期、ブロッコリー、オクラ、玉レタスなど新しい野菜が登場し、トマトジュースの消費量が拡大した。また、純植物性マーガリン（ラーマ）が発売された。1966（昭和41）年、家庭用電子レンジ発売されたが普及するのはまだまだ先。自動車の総保有台数964万台、乗用車が全生産量の全体の３分の１を超した。1968年には、日本のGNPが自由主義国で第２位となった。1969（昭和44）年、自動車保有台数1,652万台になり、東名高速道路も全線開通した。

歩きから　　　　　自動車、バイクに乗る　　　　屋内で過ごす

1970年代

　1970年、高度経済成長によってアメリカに次ぐ世界第2位の経済大国になった。しかし、一方で公害が深刻な社会問題になった。1970（昭和45）年、日本万国博覧会（大阪万博）が開催された。1971（昭和46）年、マグドナルド1号店が開店した。牛乳の消費が初めて減少し、1人1日当たり60ccとなった。日清食品からカップヌードルが発売された。冷凍食品の生産が急増した。1972（昭和47）年、札幌冬季オリンピックが開催された。東京など都市部で地下道の建設が盛んになり、世界一になった。1973（昭和48）年、オイルショックが起こり、トイレットペーパーの買い占め騒動が起きた。1974（昭和49）年、高校進学率が90％を超えた。この時期、日本で最初のコンビニ店営業が開始され、清涼飲料の売上高が7,000億円を突破する。1日1人当たりの摂取カロリーが2,489kcalでたんぱく質79.1ｇ、脂肪60ｇ、インスタントラーメンの年間消費量40億食、赤ちゃんを含め年間1人40食食べたことになる。清涼飲料水、カップ麺等の摂取が多くなると、糖を体に直接入れるのでインシュリン分泌に影響し、摂取量により、急に血糖が上昇することにつながると考えられた。1970年代の前半まで経済成長をしたが、オイルショックを契機に経済成長に急ブレーキがかかり、減速経済へと移行していくこととなった。1970年代後半には急激なドル安となり、円高不況となり、1978年には初めて1ドル200円を切ることとなり、翌79年には二度目のオイルショックが起きた。

1980年代

　農林水産省は、80年代前後（1975～1985頃）の日本型食生活は、いわば「理想の和食」と位置づけている。1980（昭和55）年、日本の車の生産台数が1,000万台を突破し、1982（昭和57）年に、東北・上越新

幹線が開業した。1983（昭和58）年、日本海中部地震が発生した。車の運転免許保有者が5,000万人を突破。1986（昭和61）年、チキンナゲット、ローストビーフなどを使ったおにぎりが若い女性に人気があった。日本人の年間1人当たりの鶏卵消費量は259個となった。1987（昭和62）年、バブル経済が始まり、1988（昭和63）年、青函トンネル、瀬戸大橋が開通する。この時期、カップめんの大型化が始まる。1989（昭和64＝平成元）年、デザート菓子のティラミスをきっかけにイタリア料理が大流行する。

1990年代

1990年代の糖尿病患者数は、糖尿病が強く疑われる者690万人、糖尿病の可能性が否定できない者680万人、合計1,370万人（1997年）であった。

1990年代は、1991（平成3）年、日本中が浮足立ったバブル景気が崩壊する。資産価格の急落は日本経済を直撃し長期停滞の出発点となった。この時期、缶入り緑茶、リノール酸を含む植物油の売れ行きが伸びる。1992（平成4）年、ダイエット、エステなどやせ志向が女子大生の間に増加、意図的に吐いたりする食行動経験者も8.7％いた。1993（平成5）年、レトルト食品の売り上げベスト3は、①マカロニグラタン②鶏の釜めしの素③麻婆豆腐の素、丼物や麺類など「一皿完結型」の食事をする家庭が増える。1994（平成6）年、関西空港開港、全国のコンビニエンスストア約4万2,000店、30〜50代の男性飲酒量が減少する。1995（平成7）年、阪神・淡路大震災（死者約6,336人）が発生した。この時期、ココア飲料が爆発的ブームとなった。魚の摂取量がこの年をピークに低下し始めた（高度成長期が終わるころから、米離れ、芋離れ、野菜離れになっていった）。1996（平成8）年、シュガ

ーレス食品が流行し、1997（平成９）年、フルーツトマト、スナップ
エンドウ、豆苗など新野菜が普及した。1998（平成10）年、長野冬季
オリンピックを開催、明石大橋が開通した。この時期、明治製菓がポ
リフェノール入りチョコレートを販売した。

2000年代

　2000年代の糖尿病患者数は、糖尿病が強く疑われる者740万人、糖
尿病の可能性が否定できない者880万人、合計1,620万人（2002年）、
2007（平成19）年、糖尿病が強く疑われる者890万人、糖尿病の可能性
が否定できない者1,320万人、合計2,210万人と多くなった。

　2000（平成12）年、低価格焼き肉店、とりわけ、社交の場として、
カフェ風食堂が人気となる。2006（平成18）年、携帯電話9,000万台突
破する。インターネットは人々の生活や文化、ビジネスシーンなどを
劇的に変化させた。

2010年代

　2010年代の糖尿病患者数は、糖尿病が強く疑われる者950万人、糖
尿病の可能性が否定できない者1,100万人、合計2,050万人（2012年）、
2016（平成28）年、糖尿病が強く疑われる者1,000万人、糖尿病の可能
性が否定できない者1,000万人、合計2,000万人であった。

　2011（平成23）年、東日本大震災が発生した。2014（平成26）年、
消費税が８％になった。

2－2　年代別の生活・社会の動きの年表
　表２に年代別の糖尿病患者数、生活、社会の動きを表した。

表2　年代別の糖尿病患者数、生活、社会の動き

年代	糖尿病が強く疑われる人数（万人）/可能性が否定できない者(万人)	生活（食）	社会の動き
1950		・ビアホール、婦人客が増える(51) ・主食の統制を撤廃した(51) ・不二家がペコちゃんの「ミルキー」を、森永製菓が「チョイスビスケット」を販売、即席カレーが人気があった(52) ・麺類食堂、全国1万6千件(54)	・1951（昭和26）年、サンフランシスコ講和条約、日米安全保障条約を結び、日本は主権を回復し復興する(52) ・NHKがテレビ放送開始(53) ・日航、わが国初の国際線(54) ・長期好景気に恵まれ、経済は戦争前の水準に復帰する(56) ・国連に加盟(56) ・新特急こだま号運転開始(58)
1960		・都市サラリーマンの生活の洋風化、食生活では、魚菜より肉乳卵へ、清酒よりウイスキー(60) ・食品の貿易自由化（ビール、スパイス、大豆、インスタントコーヒー）(61) ・夜店にとうもろこし、焼きそば、イカ焼き販売(61) ・スーパーマーケットが急増(62) ・コカ・コーラ自動販売機登場(62) ・ココア、ケーキ、インスタントティー、酒、ビールの自由化(64) ・ブロッコリー、オクラ、玉レタスなど新しい野菜が登場 ・トマトジュースの消費量拡大(65) ・純植物性マーガリン（ラーマ）発売(66) ・スモークサーモン、大豆たんぱくで作った人造肉の量産(67) ・立ち食いソバ屋、スタンド式カレー屋、飲み物屋も広がった(67)	・高度成長期、消費ブーム、レジャーブーム、カラーテレビ本放送始まる。主な電化製品：霜取り冷蔵庫、自動保温付き電気釜、脱水付き2層洗濯機、やぐらこたつなど・自動二輪車の生産台数149万台、国内線の航空旅客100万人、国際線旅客10万人を突破(60) ・株式大暴落、金融引締め(61) ・核家族化が進み、全世帯の68%(61) ・全国交通事故者数32万人(61) ・農業人口、全労働力の3割をわる、農業の省力化（機械化）が始まる(62) ・自動車総保有台数500万台突破、乗用車100万台突破(64) ・東京オリンピック開催、東海道新幹線開業(64) ・乗用車保有台数200万台突破、普及率1,000人に19.2台(65) ・自動車の総保有台数964万台、乗用車が全体の3分の1を超す(66) ・家庭用電子レンジ発売(66) ・自動車保有台数1,000万台突破(67) ・電電公社（現NTT）がデータ通信を開始した(67) ・全自動食器洗い機、全自動トースター販売(68) ・自動車保有台数1,652万台(69) ・東名高速道路全線開通(69)
1970		・マグドナルド1号店開店(71) ・牛乳の消費が初めて減少、1人1日当たり60cc(71) ・日清食品がカップヌードルを発売。冷凍食品の生産が急増した(71) ・明治乳業、プレーンタイプのブルガリアヨーグルトを発売(73) ・コンビニ営業開始(74) ・清涼飲料の売上高が7,000億円突破(74) ・インスタントラーメンの年間消費量40億食、赤ちゃんを含めて、国民1人当たり年間40食食べたことになる(74)	・日本万国博覧会（大阪万博）開催(70) ・札幌オリンピック開催(72) ・地下道の発達が世界一(72) ・オイルショック(73) ・高校進学率90%を超えた(74) ・円高不況(77)

		・紀文が豆乳を発売(79) ・日清食品がカップラーメン「めんコク」を発売(79)	
1980		・ポカリスエット販売(80) ・チキンナゲット、ローストビーフなど使ったおにぎりが若い女性に人気(86) ・日本人の年間1人当たりの鶏卵消費量は259個(86) ・カップめんの大型化が始まる(88) ・デザート菓子のティラミスをきっかけにイタリア料理大流行(89)	・日本の車の生産台数が1,000万台を突破(80) ・東北上越新幹線開業(82) ・日本海中部地震(83) ・車の運転免許保有者5,000万人を突破 ・日航ジャンボ機墜落事故、死者520人(85) ・バブル経済始まり(87) ・青函トンネル開通、瀬戸大橋開通(88)
1990	690/680(97) 合計1,370	・ミネラルウォーターの需要増大(90) ・缶入り緑茶、リノール酸含む植物油の売れ行きが伸びる(91) ・ダイエット、エステなどやせ志向が女子大生の間に増加、意図的に吐いたりする食行動経験者も8.7%(92) ・レトルト食品の売り上げベスト3は①マカロニグラタン②鶏の釜めしの素③麻婆豆腐の素(93) ・丼物や麺類など「一皿完結型」の食事をする家庭が増える(93) ・全国のコンビニエンスストア約4万2,000店、30〜50代の男性飲酒量が減少(94) ・ココア飲料が爆発的ブーム(95) ・シュガーレス食品が流行(96) ・フルーツトマト、スナップエンドウ、豆苗など新野菜が普及(97) ・明治製菓、ポリフェノール入りチョコレートを販売(98)	・バブル崩壊(91) ・関西空港開港(94) ・阪神・淡路大震災（死者約6,336人)(95) ・長野冬季オリンピック開催、明石大橋開通(98)
2000	740/880(02) 合計1,620 890/1320(07) 合計2,210	・低価格焼き肉店、カフェ風食堂が人気(00)	・携帯電話9,000万台突破(06)インターネットは人々の生活や文化、ビジネスシーンなどを劇的に変化させた
2010	950/1,100(12) 合計2,050 1,000/1,000 (16) 合計2,000		・東日本大震災(11) ・消費税8%(14)

【参考文献】

原田洋介編：一冊でわかる　イラストでわかる図解現代史1945−2020、成美堂、2016
児玉幸多編：日本史年表・地図、吉川弘文館、2019
厚生労働白書：平成30年版糖尿病患者数の状況、2020.11.18検索
　https://www.mhlw.go.jp/stf/wp/hakusyo/kousei/18/backdata/01-01-02-08.html
奥田昌子：日本人の病気と食の歴史、株式会社ベストセラーズ、p244、p246-251、2019
正東社編集部：オールカラーでわかりやすい日本史、正東社、p297、2016
下川耿史ら：家庭総合研究会、昭和・平成家庭史年表、河出書房新社、2009

3．高齢化と糖尿病

3－1　高齢者の糖尿病

　加齢にともない身体活動量や筋肉量の低下、インシュリン分泌能の低下、内臓脂肪の増加によるインシュリン抵抗性が高くなる。高血糖は糖尿病性網膜症や腎症、動脈硬化症や高浸透圧高血糖症候群や無自覚低血糖の危険因子がある。

3－2　高齢化の日本

　日本は、諸外国に比べ例をみないスピードで高齢化が進行している。現在、65歳以上の人口は、3,515万人（国民の約4人に1人）高齢化率27.9％、2042年の約3,935万人でピークを迎え、その後も、75歳以上の人口割合は増加すると予想されている。厚生労働省は、団塊の世代（約800万人）が75歳以上となる2025年に高齢者、約3,677万人と予想されている。高齢化率が上昇すると糖尿病も増え続けることになる。

　可能な限り住み慣れた地域で、自立生活の支援のもとで、自分らしい暮らしを人生の最期まで続けることができるよう、地域の包括的な支援・サービス提供体制（地域包括ケアシステム）の構築を推進している。糖尿病においても包括ケアが推奨されている。厚生労働省は、2025年を目途に高齢者の尊厳保持と生活自立を目的に、地域の包括的な支援体制を提供できるよう検討されている。チーム医療と地域医療連携して、内科医師、看護師、管理栄養士、薬剤師、臨床検査技師、理学療法士、眼科医師、歯科医師、健康運動指導士、臨床心理士、ソーシャルワーカーなどと連携する。

4．肥満と糖尿病

　厚生労働省「国民健康・栄養調査」平成30年の肥満者の割合は、男32.2％、女21.9％である。男性では50歳代（37.2％）と最も多く、次いで、40歳代（36.4％）の順である。男性の20〜60歳代の肥満者の割合は33.6％となっている。女性の肥満者は60歳代（27.5％）、70歳代以上（27.7％）であった。

　平塚儒子*の糖尿病とBMIの関係（図2）によると、最多はBMI22〜23％は27.1％で、次いで、BMI26〜40％は25.0％で、BMI24〜25％は22.0％であった。BMIが22％から25％の標準の人と26％以上の人に糖尿病が多い結果であった。

　＊平塚需子、あなたの骨の健康　アンケート調査、一般住民の全国調査、2015、
　　n＝1887、引用

図2　糖尿病とBMIの関係

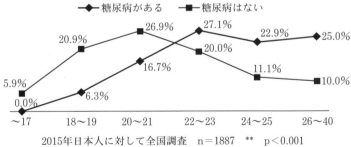

2015年日本人に対して全国調査　n＝1887　**　p＜0.001

5．糖尿病とストレス

　近年、社会の変化とともにストレスを感じ生活を送っている。糖尿病である者とない者の血圧の変化について、平塚が2015年、日本人に対し調査した結果によると、「糖尿病がある者」は「血圧が高くなった」27.1％は、「血圧が高くない者」9.4％より高く、逆に「糖尿病がない者」は「血圧が高くない」89.2％は、「糖尿病がある者」68.8％よりも多かった。血圧はストレスによる。自律神経の橋、延髄からでている迷走神経支配と交感神経の心臓神経のバランスの問題ととらえられる。ストレスの問題は、このバランスの問題で、とりわけ交感神経の過剰刺激が考えられる。

図3　糖尿病がある者は血圧が高い

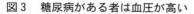
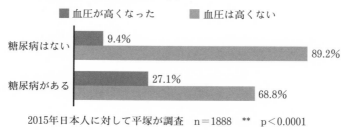

2015年日本人に対して平塚が調査　n＝1888　**　p＜0.0001

　飽食の時代に急増する糖尿病は糖質により酸化などの化学変化によって血管の内側を傷つける性質があるブドウ糖の摂取は血糖濃度を上昇しながら、血液は細い血管を通過し、末梢血管の抵抗力を上げて血圧を上げることになる。とりわけ血圧が上がる原因は肥満、食塩の取りすぎ、ストレスと喫煙とされているが、ブドウ糖摂取による糖濃度も生活習慣で重要である。なお、これまでの生物学的知識では、スト

レスを受けると脳の底部にある進化的に古い視床下部が反応して、下垂体と副腎からのホルモン分泌が促進され、心拍数の増加、血圧の上昇、食欲の低下などが生じると理解されている。これらの変化は、脳に生じる原始的な反応である（図4）。

図4　ストレスとホルモンの関係

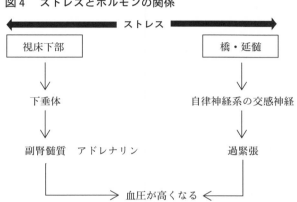

6．糖尿病と認知症

　近年、高血糖は、認知症の発症リスクが高める報告がある。糖尿病患者はアルツハイマー型認知症の発症が2倍、脳血管性認知症は2.5倍とリスク予測がされている（羽生春夫、2019）。さらに重症低血糖は認知症発症のリスクを高めるとされている。認知症の高齢者糖尿病の患者には、家族のみならず多職種（医師、薬剤師、看護師など）連携を行い、チーム支援が重要である。

　なぜインシュリンが効かないとアルツハイマー病になるのか。インシュリンは脳の中で神経細胞の生存、修復を与え、アミロイドβたんぱくの分解をする作用があるが、脳でのインシュリン抵抗性による高

インシュリン血症になるとインシュリン分解酵素はインシュリン分解に大量消費されることでアミロイドβたんぱくの分解ができなくなりアルツハイマー病の進行につながると報告している（鬼頭昭三、新郷明子、2017）。

認知症発症の予防として、過度のストレスがうつ状態になるので、そのことが集中力と記憶力が低下を起こし、強いうつ状態が認知症の発症リスクになる。前頭前野に刺激を与える食事と運動が重要となる。高齢者の血糖管理は、合併症予防と低血糖を発症させない治療が行われている（老年医学会、2019）。

日本のアルツハイマー型認知症は認知症全体の6割を占め、初期には生活に支障を認めず、進行度合いがかなり進んだ状態で発見する場合がある。早期発見、予防が重要となる。

認知症の中核症状に①記憶障害②認知障害③意欲・気力の障害④感情の障害⑤自己決定、人格の障害がある。アルツハイマー型認知症の代表的な症状に記憶障害（記憶自体が途切れぬけおちる）、判断力低下（片付けや炊事など順序がぬけおちてしまう。日常の短絡的なことができなくなる）、見当認識障害（文章を読むことができても書き写しは困難となる）がある。認知症の初期症状を早期発見し治療が望まれる。

以下にNPO法人エイジコンサーン・ジャパンの介護実践トレーニングテキストより認知症—警戒すべき徴候について記入する。
- 最近の出来事について著しくより忘れっぽくなる
- 会話で繰り返しが多くなる
- 以前行っていた活動に従事しないようになる
- 他人にたいする興味を失う
- 何か新しいことを学ぶ時、頭がより混乱する

- 日常の仕事により固執し変化に順応できやすくなる
- 意思決定につき、より心配するようになるかあるいは意思決定を積極的に避けるようになる
- かつては易しく思えた仕事を終えるのに失敗した時著しく挫折感を抱くようになる
- 性格の変化が生じる
- 振舞いかたに変化が見られる

7．糖尿病の予防と対処について

7－1　時代の流れからみた糖尿病の予防

　厚生労働省では糖尿病の予防と合併症予防の取り組みがされているが、糖尿病の患者数は、2017年に328.9万人に増加した。

　糖尿病を予防するには、①ストレス・加齢・遺伝によるインスリン不足に対してストレスを回避し、エネルギー摂取必要量に近づける。②内臓脂肪によるインスリン作用不足に対し、糖質や脂肪の多い食品を控える。食事は野菜から食べる食べ方の工夫をする。③砂糖、果糖など単純糖質を多く含む間食は控える。④有酸素運動を行う。⑤高血圧合併患者の食塩摂取量は1日6g未満が推奨される。カリウムは余分なナトリウムの排泄を促し減塩効果、降圧効果がある。⑥1日20g以上の食物繊維を摂取し、食後の高血糖、血清コレステロールの増加を防ぎ、便秘の改善をする。⑦腎症合併の糖尿病は病期によって食塩摂取量を変化させることは一般的な予防である。

　今回、時代の流れからみた糖尿病の発症において、日本人の食事の変遷から検討した。第2次世界大戦後、衣・食は母親が中心を担っていたが、1960年代以降、粗食から、外食等の発展で、食事観が変わっ

てきた。仕事などの生活サイクルの変化によって、ソバ・カレーライス・駅のホームでパンを食べるなど簡単に食事をする人も多くなってきた。さらに、コンビニ、ファーストフーズも変わってきた。また、仕事・友人などの付き合いで、夕食時間には家で家族と共にすることが少なくなってきた。現在、レトルト食品は手軽に食べられ、保存食として好まれているが、素材の味を生かした食事も取り入れていくことも大切であると考える。糖尿病が増え始めた1990年代と高齢化が進んだ時代の流れは、電気製品による家事が便利になり、食事は外食、コンビニ、レトルト食品等、調理の手間が省け、いつでも食べられるようになってきたこと。さらに、交通網の発展、車社会になり、歩く機会が少なくなってきたことなどがあげられる。

　糖尿病の真の怖さは、自覚症状のないまま放置したり、治療を怠ったりすると、多様な合併症を招くところの怖さがある。日本人の一大国民病は、飽食、ストレス、運動不足などのライフサイクルが糖尿病にかかわって、特に肥満者は糖尿病発症の確率を高くする。

7－2　糖尿病と身体運動活動

　もし「歩く」動作をしなくなったら、多くの筋肉が減少し、さらにバランス能力、心肺機能が低下してしまい、例えば歩くスピードが落ち、信号を渡りきれない、または荷物を持つとバランスが保てず「ふらつき、小さな段差でつまずき転んでしまう」など日常生活に多大な影響を及ぼす恐れがでる。

　運動の効果として身体的な効果については①健康的な体形の維持、②体力、筋力の維持および向上、③肥満、高血圧や糖尿病などの生活習慣病やメタボリックシンドロームの予防、④加齢に伴う生活機能低下（ロコモティブシンドローム）の予防、⑤心肺機能の向上により疲れ

にくくなる、⑥腰や膝の痛みの軽減、⑦血行促進により肩こり、冷え性の改善、⑧抵抗力を高める（風邪予防）である。上田は、運動の効果は体の機能面や疾病に対しての効果があると表している（上田伸男、2009）。

　骨格筋繊維は大きく2つの筋肉に分かれる。1つは速筋繊維と呼ばれる筋肉で速いスピードで収縮する。この筋は解糖系の酵素がよく発達しており、無酸素性のエネルギー産生を得意として、スプリンターなどではその割合が多い。一方遅筋は有酸素系のエネルギー産生に関連した酵素がよく発達しており、長期間の有酸素運動に適し、マラソン選手などでその割合が多いと報告されている（竹田一則、2008）。

　思いっきり走った後に、爽快感や達成感などとても良い気分になった経験があると、運動をすることによって精神面にも様々な良い影響を及ぼすとされ、①認知症の低減②不定愁訴の低減③気分転換やストレスの解消など、精神的な効果があるとされる（厚生労働省、2013）。有酸素運動は効率よく体の脂肪を燃焼させ、体脂肪を減少させる効果がある。上田はウォーキングの有酸素運動を行ったとき、運動を始めて約20分間は、糖質がエネルギー供給源である。それ以降は脂質が主要なエネルギー供給源となる。肥満で体脂肪を減少させるには20分以上の運動が必要となる（上田伸男、2009）ことを表している。

＊ウォーキング中のエネルギー消費量の計算

身体活動における運動強度の単位METs（metabolic equivalents）メッツがある（表3）。

表3　運動強度別の運動内容
日本糖尿病学会編・著、糖尿病治療ガイド、文光堂、2020-2021. 引用[21]

3メッツ	歩行、軽い筋力トレーニング、バレーボール
4メッツ	自転車、子供と遊ぶ、速歩、ゴルフ
6メッツ	階段昇降、軽いジョギング、エアロビクス
8メッツ	重い荷物を運ぶ、ランニング、水泳

＊運動の消費エネルギー（kcal）の算出式

METs（メッツ）×体重（kg）×運動時間（時間）

例えば、運動強度3メッツの歩行を体重60kgの人が30分歩行すると消費エネルギー　3（メッツ）×60（kg）×0.5（時間）＝90kcal（消費エネルギー）

療養指導では、手軽にできる運動として、40分以上のウォーキングを毎日行い、血糖値、HbA1c値が低下したと話され、運動を生活の一部に取り入れ、継続していた。

7－3　各年代層の運動の実際

各年代層の運動処方については各年代層によっても異なっていて、成長期は運動する機会に恵まれ、最も体力の向上が著しい時期ですが、身体が形成されていく時でもあるので、使い過ぎ症候群に気をつけながらも、スポーツを中心とした身体活動を積極的に行い、身体支配能力を高め、力強い身体づくりを目標としている。

運動の２大分類について

1　有酸素的トレーニングは基礎代謝を高めることで知られている。基礎代謝とは、生きていくための最低必要とされるエネルギーのことである。これが高まると運動ばかりではなく普通に生活しているときにもエネルギーを消費しやすい体になる。有酸素運動は効率よく体の脂肪を燃焼させ、体脂肪を減少させる効果がある。

2　無酸素運動は、瞬発的に短時間で行う運動である。例えば100m走、筋力トレーニングである。なお、レジスタンストレーニングは、筋肉に一定の負荷をかけて筋力を鍛えるトレーニング、ダンベル体操、トレーニング用のゴムチューブ、専用マシントレーニングなどを使う。

表4　各年代層の運動処方

時　期	機　能	運動の種類
小学生	神経系	動きづくり（巧みさ）
中学生	持久力系	スタミナづくり（ねばり強さ）
高校生	筋力・パワー系	パワーづくり（力強さ）

　加齢とともに形態は変化し、身体諸機能や体力は低下し衰退する。また、さまざまな疾病も現われ、有病率も次第に高くなる。この衰退期に起きる心身の変化を老化と呼ぶ。しかし、老化現象には個人差が大きく、それには生活習慣が大きくかかわっている。神経細胞が次第に減少し、脳の萎縮も進んでくるので、高齢者特有の症状も出現するが、脳活動が活発であれば精神機能の低下は決して著しくはありません。

7-4 各年齢層の具体的な運動内容

各年齢層（思春期以降）の具体的な運動内容を表5に表した。

表5　各年齢層の具体的な運動内容

思春期 前期・後期	思春期に入ると、脳下垂体より成長ホルモンの分泌が活発になります。そのため身長が著しく伸び、年間増加量は10cmを超えることもある。また同時に性腺刺激ホルモンも分泌され、男性は精巣からアンドロゲン（男性ホルモン）、女子は卵巣からエストロゲン（女性ホルモン）が多量に分泌され、男子は筋肉が発達し、女子は皮下脂肪が沈着するなど、形態的な男女差が顕著になります（第二次性徴）。性機能はこの時期に著しく発達する。この時期には心肺機能が充実し、また筋持久力も高まるので、スタミナづくりを中心にした運動が適している。 具体的スポーツ：①サイクリング、②バトミントン、③水泳、④野球、⑤バレーボール、⑥テニス、⑦サッカー、⑧ジョギング、⑨スキー・スケート、⑩登山
20歳代	最も身体的に完成された年代でもあり、好みとライフスタイルに応じて何らかのスポーツを実施すればよいでしょう。この年代まではスポーツの種類は選ばずに、活動力のある体づくりを目標とする。 具体的スポーツ：①サイクリング、②バトミントン、③水泳、④野球、⑤バレーボール、⑥ラジオ体操、⑦テニス、⑧ジョギング、⑨スキー・スケート、⑩登山、⑪縄跳び
30・40歳代	次第に体力が低下してくる年代であり、体力低下を防ぐためのトレーニングを意識して行う必要があります。しなやかな体づくりを目標とする。※拮抗筋同士をバランスよく鍛えることに注意、大胸筋－広背筋、腹筋－背筋 具体的スポーツ：①ストレッチング有酸素的トレーニング（ジョギング・水泳・自転車エクササイズ・エアロビックダンス等）、②レジスタンストレーニング（チューブトレーニング・ダンベル体操・自分の体重を利用したエクササイズ等）
50・60歳代 以降	体力の向上より維持に重点を置き、運動が過度にならないように注意しながら、軽やかな体づくり、よい姿勢の体づくりを目標とする。 具体的スポーツ：①体操（ラジオ体操など）、②下肢の運動（特に下腿のエクササイズ）、③よい姿勢を意識する、④ストレッチング、⑤有酸素的運動（酸素を取り入れゆっくり行う運動）

女性向	①ゴルフ、②サイクリング、③ボウリング、④バトミントン、⑤ハイキング、⑥水泳、⑦ラジオ体操、⑧散歩、⑨ジョギング、⑩スキー・スケート、⑪登山
仲間との交流を増す	①ゴルフ、②サイクリング、③ボウリング、④ハイキング、⑤野球、⑥バレーボール、⑦テニス、⑧サッカー、⑨スキー・スケート、⑩登山
筋力・瞬発力を向上	①ゴルフ、②バレーボール、③卓球、④サッカー
柔軟性向上	①水泳、②ラジオ体操
ストレス発散	①ゴルフ、②サイクリング、③ボウリング、④ハイキング、⑤水泳、⑥野球、⑦テニス、⑧卓球、⑨サッカー、⑨散歩、⑩スキー・スケート、⑪登山

結　語

　糖尿病は、１型は膵臓のβ細胞が壊れてインシュリンが分泌できなくなるもので、小児や若者に多く、糖尿病の１割にあたり、２型は生活習慣の一つで、不規則な生活や偏った食事、ストレス等によって膵臓の機能が低下してインシュリンの分泌量が減少する状態で、40歳以上の人に多く、糖尿病の約９割を占める。治療法は、１型は治療にインシュリンを必要とし、２型は運動療法、食事療法、薬物療法を組み合わせて糖代謝を制御する。

　運動療法によって血糖コントロールやインシュリン抵抗性、脂質代謝の改善が得られることによって、糖尿病を改善されるとされる。

　肥満は、ストレスが過食を引きおこしている場合が多く、ストレスを取りの除くことも肥満に有効である。ストレスから解放される方法については、脳に酸素を大量に供給できる有酸素運動として、歩行、ジョギング、水泳、サイクリング、エアロビックスなどは脳内の血液量を30〜40％も高める働きがあり、軽い運動でも大脳辺縁系の働きを

　活発にして、気持ちを前向きにさせる効果があることを表している
（永田和哉、2003）。

　自律神経は脳と身体を結んでいて、脳からの指令を身体に伝える役
割を果たしている。ストレスがあると自律神経が正常に働かないので、
内分泌系にも影響を与える。平塚儒子の「骨の健康調査」結果（図5）
によると、糖尿病を有する者は、"急いでいても走れない"兆候が25
％の者に表れていたことは、運動療法が糖尿病の改善が期待されるが、
急いでも走れない状況にある人は、逆に、糖尿病発症も懸念される。

図5　糖尿病のある者は急いでいても走れない

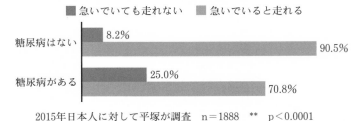

2015年日本人に対して平塚が調査　n＝1888　**　p＜0.0001

　そこで、厚生労働省によれば、ストレスの低下には有酸素運動は、
週に3〜5回、20分から60分、1週間で150分としている。なお歩行
運動の場合、15分から30分で、1日2回、10,000歩、消費エネルギー
は160〜240kcalが適当であるとしている。

【引用・参考文献】

1）原田洋介編：一冊でわかる　イラストでわかる図解現代史1945－2020、成美堂、2016

2）門脇孝編集：ポケット版　内科学、西村書店、p1039、2016

3）K.F.カイブル編、酒井シヅ監訳：疾患別医学史Ⅱ、朝倉書店、p480-487、2006

4）鬼頭宏：人口から読む日本の歴史、講談社、2007

5）鬼頭昭三、新郷明子：アルツハイマー病は「脳の糖尿病」、講談社、2017

6）公益財団法人長寿科学振興財団：認知症の予防とケアadvances in Aging and Health　Research 2018、羽生春夫、糖尿病、p119-126、2019

7）厚生労働統計協会：国民衛生の動向（2020/2021）、p91、2020

8）児玉幸多編：日本史年表・地図、吉川弘文館、2019

9）厚生労働白書、平成30年版糖尿病患者数の状況、2020.11.18検索
https://www.mhlw.go.jp/stf/wp/hakusyo/kousei/18/backdata/01-01-02-08.html

10）厚生労働省「健康づくりのためのからだ活動基準2013」及び「健康づくりのためのからだ活動指針（アクティブガイド）について」

11）葛谷健：糖尿病医学史談 臨床・研究の歴史をひもとく、医歯薬出版株式会社、p3、p9、2017

12）奥田昌子：欧米人とはこんなに違った日本人の「体質」、講談社、2017

13）奥田昌子：日本人の病気と食の歴史、株式会社ベストセラーズ、p244、p246-251、2019

14）永田和哉監修、小野瀬健人著、脳とココロ、かんき出版、2003

15）日本糖尿病学会編・著：糖尿病治療ガイド2020-2021、文光堂、2020

16）森本兼壽：ストレス危機の予防医学、日本放送出版協会、1997

17）老年医学会：改訂版　健康長寿診療ハンドブック、実地医家のための老年医学のエッセンス、p100-102、2019

18）正東社編集部：オールカラーでわかりやすい日本史、正東社、p297、2016

19）下川耿史ら：家庭総合研究会、昭和・平成家庭史年表、河出書房新社、2009

20）竹田一則：やさしい医学・生理学、ジアース教育新社、2008

21）上田伸男：動く、食べる、休む、Science、―健康づくりの生理学―、アイ・ケイコーポレーション、2009

学生の疲れの状態

明治国際医療大学看護学部　加瀬由香里

　日本は工業化社会から知識基盤社会へと大きく変化した。21世紀においては、単に学校で知識・技術を習得するだけでなく知識技術を生かして社会で生き抜く力、生涯にわたって学び続ける力を育成することが重要であると示唆している。文部科学省は子どもの学ぶ意欲や生活習慣は未確立で、後を絶たない問題行動、規範意識や体力の低下など、教育をめぐる社会状況には深刻なものがあると報告している。

　2019年12月末から全世界に広がった新型コロナウイルス感染により、人々は自粛生活を余儀なくされた。日本では2020年4月に緊急事態宣言が出されステイホームをスローガンとして教育の現場では行事を縮小し授業は遠隔授業や課題提出で対応している。新型コロナウイルス感染が心身に影響を与えストレス耐性が低下していると思われる不安な社会といえる。学生の自負が存在するなかで、学問「勉強する」という動機づけ（モチベーション）は、結果が出なくても、欲求は環境や人との間で褒められ、認められ、他人をまねることによる体験が学問の成績が上がるという予測をすることになる。勉強をするという行為が、次の報酬となり、成功をイメージできることから教育の現場が必要とされる。

　通学できない教育環境の対象者に心身疲労の聞き取り調査を行った。

大学生の男女18〜22歳の学生に対して、新型コロナ感染によるステイホーム前とステイホーム後の心身の疲れについて調査を行った結果、学生の心身は安心して勉強のできる環境が心理精神的に必要であることが結論された。

　1年に及ぶこのコロナ禍の期間には、通常の大学生活が送れず外出の自粛や対人関係が保ちづらい状況が考えられ、心身徴候が現れているのではないかと推察された。

1．新型コロナ感染拡大による社会の状況

　新型コロナウイルス（SARS-CoV2、この新型コロナウイルスによって引き起こされた感染症を国際正式名称ではCOVID-19と呼んでいる）はコロナウイルスのひとつで、コロナウイルスには、一般の風邪の原因となるウイルスや、「重症急性呼吸器症候群（SARS）」や2012年以降発生している「中東呼吸器症候群（MERS）」ウイルスが含まれる。ウイルスにはいくつか種類があり、コロナウイルスは遺伝情報としてRNAをもつRNAウイルスの一種（一本鎖RNAウイルス）で、粒子の一番外側に「エンベロープ」という脂質からできた二重の膜を持っている。ウイルスは自分自身で増えることはできないが、粘膜などの細胞に付着して入り込んで増えることができる。ウイルスは粘膜に入り込むことはできるが、健康な皮膚には入り込むことができず表面に付着するだけと言われている。物の表面についたウイルスは時間がたてば壊れてしまうが、物の種類によっては24時間〜72時間くらい感染する力をもつとされる。手洗いは、たとえ流水だけであったとしても、ウイルスを洗い流すことができるため有効で、石けんを使った手洗いはコロナウイルスの膜を壊すことができるので、更に有効である。手洗いの

際は、指先、指の間、手首、手のしわ等に汚れが残りやすいため、これらの部位は特に念入りに洗うことが重要である。また、流水と石けんでの手洗いができない時は、手指消毒用アルコールも同様に脂肪の膜を壊すことによって感染力を失わせることができる。

　新型コロナウイルスの感染は、一般的には飛沫感染、接触感染で、閉鎖した空間の近距離で多くの人と会話する環境では、咳やくしゃみなどの症状がなくても感染を拡大させるリスクがあるとされる（WHOは、一般に、５分間の会話で１回の咳と同じくらいの飛沫（約3,000個）が飛ぶと報告している）。症状が明らかになる前から、感染が広がるおそれがあるとの専門家の指摘や研究結果も示されており、例えば、台湾における研究では、新型コロナウイルス感染症は、発症前も含めて、発症前後の時期に最も感染力が高いとの報告がされている。したがって、人と人との距離をとること（Social distancing：社会的距離）、外出の際のマスク着用、咳エチケット、石けんによる手洗い、アルコールによる手指消毒、換気といった一般的な感染症対策や、十分な睡眠をとる等の健康管理を心がけるとともに、地域における状況（緊急事態宣言が出されているかどうかや居住地の自治体の出している情報を参考にする）も踏まえて、予防に取り組む必要がある。また、閉鎖空間において近距離で多くの人と会話する等の一定の環境下であれば、咳やくしゃみ等の症状がなくても感染を拡大させるリスクがあるとされている。無症状の者からの感染の可能性も指摘されている。人と人との距離をとること（Social distancing：社会的距離）、外出時はマスクを着用する、家の中でも咳エチケットを心がける、さらに家やオフィスの換気を十分にする、十分な睡眠などで自己の健康管理をしっかりすることで、自己のみならず、他人への感染を回避するとともに、他人に感染させないように徹底することが必要である。

　新型コロナウイルス感染症に対する抗ウイルス薬として、レムデシ
ビルが承認されたが、重症者を対象とした薬であり、副作用のリスク
もあるため、広く使える特効薬とはいえない。現時点においては、ウ
イルスが上気道や肺で増えることで生じる発熱や咳などの症状を緩和
する目的の対症療法が中心となっており、解熱剤や鎮咳薬の投与、点
滴等が実施されている。対症療法により、全身状態をサポートするこ
とで、この間ウイルスに対する抗体がつくられるようになり、ウイル
スが排除されて治癒に至ると考えられる。¹⁾

表1　新型コロナウイルス感染症国内外の経緯

日　付	事　象
2020年1月6日	中国武漢で原因不明の肺炎、厚生労働省が注意喚起
2020年1月14日	WHO新型コロナウイルスを確認
2020年1月16日	日本国内で初めて感染確認、武漢に渡航した中国籍の男性
2020年1月21日	WHO「ヒトからヒトへの感染が見られる」
2020年1月30日	WHO「国際的な緊急事態」を宣言
2020年2月3日	乗客の感染が確認されたクルーズ船「ダイヤモンド・プリンセス号」横浜港に入港
2020年2月13日	国内で初めて感染者死亡、神奈川県に住む80代女性
2020年2月27日	安倍首相、全国すべての小中高校に臨時休校要請の考え公表
2020年3月9日	専門家会議「3条件重なり避けて」と呼びかけ ①換気の悪い密閉空間、②多くの人が密集、③近距離での会話や発話（密接）の「3つの条件」
2020年3月24日	東京五輪・パラリンピック、1年程度延期に
2020年3月29日	タレントの志村けんさん死去、新型コロナウイルスによる肺炎で
2020年4月7日	7都府県に緊急事態宣言「人の接触最低7割極力8割削減を」
2020年4月11日	国内の感染者1日の人数としてはこれまでで最多の700人超

2020年4月16日	「緊急事態宣言」全国に拡大、13都道府県は「特定警戒都道府県」に
2020年5月4日	政府「緊急事態宣言」5月31日まで延長
2020年5月7日	国内の感染者1日の人数が100人下回る
2020年5月14日	政府、緊急事態宣言39県で解除、8都道府県は継続
2020年5月20日	夏の全国高校野球、戦後初の中止決定
2020年5月21日	緊急事態宣言、関西は解除、首都圏と北海道は継続
2020年5月25日	緊急事態の解除宣言、約1か月半ぶりに全国で解除
2020年6月2日	初の「東京アラート」都民に警戒呼びかけ
2020年6月8日	世界の感染者24時間で最多の13万6,000人
2020年6月19日	都道府県またぐ移動の自粛要請全国で緩和
2020年6月28日	世界の感染者1,000万人超える
2020年6月29日	世界の死者50万人超える
2020年7月2日	東京都107人の感染確認、100人超は2か月ぶり
2020年7月3日	国内の1日の感染者2か月ぶりに200人超える
2020年7月9日	東京都224人の感染確認、200人超は約3か月ぶり 国内の1日の感染者300人超える、5月2日以来
2020年7月10日	国内の1日の感染者400人超える、4月24日以来
2020年7月13日	WHO「多くの国が誤った方向に」事態悪化を警告
2020年7月18日	世界の死者60万人超える
2020年7月22日	「Go Toトラベル」キャンペーン始まる 国内の1日の感染者795人、過去最多
2020年7月23日	東京都366人感染確認、過去最多
2020年7月27日	WHO「パンデミックは加速し続けている」
2020年7月28日	国内の死者1,000人超える（クルーズ船除く）
2020年7月29日	国内の1日の感染者1,000人超、岩手で初確認
2020年8月10日	アメリカの感染者数が500万人を超える
2020年8月11日	世界の感染者2,000万人を超える

2020年 8 月15日	ヨーロッパで感染再拡大受けた措置相次ぐ
2020年 8 月17日	4 ～ 6 月期GDP年率　－27.8% リーマンショックを超える落ち込み
2020年 8 月20日	対策分科会尾身会長「流行はピークに達したとみられる」
2020年 8 月28日	新型コロナ感染者への対応、ルールの見直し検討 政府が新型コロナ対策の新たな方針発表 ▽医療提供体制の確保▽検査体制は 1 日20万件に抜本的に拡充▽ワクチンは来年前半までにすべての国民に提供できる数の確保、などを目指す
2020年 9 月 5 日	WHO「新型コロナのワクチン、分配開始は来年中頃の見通し」 "慎重に安全性を確認すべき"という考え示す
2020年 9 月 9 日	世界の製薬会社など 9 社が新型コロナワクチン開発で"安全最優先"を宣言 アストラゼネカ　新型コロナのワクチン臨床試験を一時的に中断
2020年 9 月13日	アストラゼネカ　コロナのワクチン英国内での臨床試験を再開
2020年10月 2 日	トランプ大統領が新型コロナウイルスに感染
2020年10月12日	ヨーロッパで感染急拡大
2020年10月14日	フランスが 3 か月ぶりに非常事態を宣言、ヨーロッパで感染再拡大
2020年11月 5 日	1 週間にクラスターが100件超、前週の1.6倍、9 月以降最多
2020年11月 7 日	北海道、「警戒ステージ 3 」に、ススキノで営業時間短縮など要請
2020年11月10日	政府分科会が緊急提言「急速な感染拡大の可能性も」 ファイザーがワクチン「90%超の予防効果」と暫定結果発表
2020年11月12日	新型コロナ国内の感染確認1,661人 1 日として過去最多
2020年11月16日	GDP（7 ～ 9 月）年率換算で前期比＋21.4%
2020年11月18日	国内感染者数が過去最多の2,201人に、東京も過去最多の493人で感染状況を最高レベルに引き上げへ
2020年11月30日	アメリカの製薬会社「モデルナ」も米当局に新型コロナワクチンの緊急使用許可申請

2020年12月2日	イギリス政府がアメリカの製薬会社ファイザーとドイツの企業ビオンテックと開発した新型コロナワクチン承認と発表
2020年12月3日	大阪府が「医療非常事態宣言」重症患者の急増で不要不急の外出自粛も要請
2020年12月8日	イギリスで新型コロナウイルスのワクチン接種が始まる
2020年12月12日	病床ひっ迫、5都道府県（北海道・東京都・大阪府・兵庫県・高知県）が「ステージ4」に、"医療の提供体制が機能不全のおそれ"
2020年12月14日	アメリカ、ファイザーの新型コロナワクチンの接種が始まる
2020年12月15日	政府は「Go Toトラベル」全国一時停止へ、地域限定の対応から方針転換
2020年12月17日	フランス、マクロン大統領が新型コロナに感染
2020年12月19日	アメリカ、コロナワクチン接種後6人に激しいアレルギー症状
2020年12月20日	変異ウイルス拡大、英からの旅客機受け入れ停止、欧州諸国が警戒
2020年12月25日	菅首相、コロナ特措法改正検討「時短要請で給付金と罰則」コロナ変異ウイルス、空港に到着の5人感染、検疫で初確認
2020年12月26日	政府は全世界からの外国人の新規入国、12月28日から1月末まで停止
2020年12月31日	新型コロナ、東京都で1,337人、全国で4,520人の感染確認、ともに過去最多
2021年1月2日	1都3県（東京都・埼玉県・千葉県・神奈川県）が政府に「緊急事態宣言」発出検討を要請し、西村大臣は「国として受け止め検討」
2021年1月5日	WHO、新型コロナ発生源の調査で中国に入国できず、失望を表明
2021年1月7日	菅首相は1都3県に2月7日まで緊急事態宣言
2021年1月8日	感染者が入院勧告に反した場合刑事罰導入も、政府が法改正検討 東京都、コロナ検査陽性でも入院先など決まらない人が急増

2021年1月10日	緊急事態宣言から初の土曜の人出は、1回目宣言時の2倍から4倍と大きく増加
2021年1月11日	WHO「集団免疫」"ことし中に獲得難しい"
2021年1月13日	7府県（大阪府・兵庫県・京都府・愛知県・岐阜県・福岡県・栃木県）にも緊急事態宣言、合わせて11都府県に 外国人の入国を全面停止
2021年1月14日	病床ひっ迫で救急患者の搬送困難事例が急増、12月の2倍に WHO調査チーム武漢に到着、新型コロナ発生源など調査 "自宅療養中に悪化し死亡"相次ぐ、東京・栃木県・神奈川県・群馬県4都県で7人
2021年1月15日	厚生労働省、新型コロナ感染症法の改正で入院勧告応じない患者に罰則へ
2021年1月19日	新型コロナ重症者、過去最多の1,001人、初の1,000人超
2021年1月23日	新型コロナウイルスの死者全国で5,000人超える
2021年1月24日	「Go Toトラベル」感染者増加に影響した可能性　京都大学のグループ発表
2021年1月27日	世界の感染者が1億人超える
2021年1月30日	厚生労働省変異ウイルス　国内初のクラスター発生か
2021年2月1日	菅首相緊急事態宣言、10都府県は来月7日まで延長　栃木県は解除
2021年2月10日	"3種類の変異ウイルス世界で拡大、抗体から逃れる変異も共通"WHOが報告書
2021年2月13日	政府は対策の実効性を高めるため、改正特措法施行
2021年2月14日	厚生労働省、米ファイザー製の新型コロナワクチン国内初の正式承認
2021年2月17日	新型コロナワクチン先行接種始まる、医療従事者約4万人対象

出典：NHK特設サイト新型コロナウイルス

　ジャパンネット銀行が2020年 8 月に20〜60歳代の男女各500人、計1,000人を対象に、「コロナ禍前後の日常生活と価値観の変化」に関する意識・実態調査を行った結果によると、約 7 割はコロナ禍でもコミュニケーションは減らず、電話やビデオ通話、テキストを使ったコミュニケーションは増加傾向にあり、大切だと思ったものTOP 5 は、家族の存在64％、趣味の時間30％、お金29％、友人の存在26％、睡眠時間25％であった。[2)]

　また、内閣府が2020年 6 月21日に新型コロナウイルス感染症の影響下における生活意識・行動の変化に関する調査結果では、学生の教育・学習に関する意識の変化があった者は74.9％で、意識の変化があったかについては、教育・学習環境の重要性を意識するようになった者は75.6％、教育・学習自体の重要性を意識するようになった者は64.3％、教育・学習における主体性・能動性を意識するようになった55.5％、多様な学びや経験の重要性を意識するようになった36.1％であった。[3)]

　これらのことから、新型コロナ禍におけるステイホームで、他者との関わりに制限があった自粛生活でも電子機器の活用でコミュニケーションを大事にし、家族や自分自身の生活を見直す期間になったと考えられる。また、学生においては登校できず当たり前に受けていた対面授業ができない状況にあり、学習は課題提出や遠隔授業で行われ自己管理することを余儀なくされたことで、学習に関して環境や重要性、主体性・能動性などを意識している。教育者は今後の学習のあり方を学生と共に見直す必要があると考える。

2 ．新型コロナ禍におけるステイホーム前後の疲れの状況

　現代の若者一般は浅い人間関係を好むとされる。令和 2 年子ども・

若者白書によると、他者との関わり方において、「家族・親族」に次いで「学校で出会った友人」との関わりが高い。「地域の人」と「インターネット上における人やコミュニティ」を比べると、「地域の人」は困ったときは助けてくれる項目以外は、「インターネット上における人やコミュニティ」が高い結果となった。また、今までに社会生活や日常生活を円滑に送ることができなかった経験があった者は49.3%で、主な理由のうち自分自身の問題として人づきあいが苦手55.4%、否定的に考える32.4%、相談できなかった29.4%が挙げられている。悩み事や困ったことがあるときそれを解決改善する方法についてどのように調べているかという質問では、インターネットで検索する58.5%、次いで家族や親せきに相談する34.5%、友人・知人（家族や親せき以外）に相談する34.1%、掲示板やSNSで解決方法を質問する・募集する15.0%という結果となった。一方で、困難経験を抱えたまま、誰にも相談したり、支援を受けたりしたいと思わないという子ども・若者も一定割合いる結果となった。⁴⁾

　これらのことから、子ども・若者は家族・友人など身近な人間関係以外に、会ったこともないインターネット上でのコミュニティも大事な存在として認識していることがうかがえる。

　アンデシュ・ハンセンは、人間の脳はデジタル社会に適応していないと説く。彼によると、コロナ禍では、スマートフォン（以下、スマホ）が外界とのライフラインになっている。現在、大人は1日3〜4時間、10代の若者は4〜5時間スマホに費やしている。スマホは新しい知識や情報を常に得ようとクリックし続け、そのためドーパミンの放出を促してしまう。大学生のスマホ使用習慣を調べたところ、被験者の三分の一は夜中もスマホを手放せないほど依存し、そのため昼間疲れているという。ヘビーユーザーに多いのは、怒りっぽく攻撃的な

ほどの積極性に富み活動的な性格の傾向があり、自尊心は低いが競争心が強く、自分を強いストレスに晒している人であった。おっとりした性格で落ち着いた人生観をもつひとは基本的にスマホに依存していなかった。グーグル効果やデジタル健忘症と呼ばれるものは、別の場所に保存されているので脳が自分では覚えようとしない現象である。脳はその情報がどこにあるか（保存先であるファイルやアプリ）を優先して記憶するため、情報そのものを記憶しない。また、スマホやパソコンに使われているブルーライトはメラトニンの分泌を抑制する効果があり、就寝前にスマホやタブレット端末を使うとブルーライトが脳を目覚めさせ、体内時計を２〜３時間巻き戻し時差ぼけ状態になる。さらに、アプリやゲームが脳を刺激し眠れなくし眠りの質も下げる。また、ブルーライトはストレスホルモンのコルチゾールと空腹ホルモンのグレリンの量も増やし、食欲増進と脂肪を貯めやすくする。集中力や記憶力を高めるためには少しの運動でも効果があると示す。[5]

　ステイホーム以前から①集中力と記憶力が劣っている②不眠がある③不安があるこれらの３つの兆候がある者は、休日ゆっくりしても精神的な疲れがとれないと訴え、極めて高い72.5％と最多であることは、脳の古皮質で抑圧された状態がずっと蓄積され、大脳皮質で押さえつけた状態で脳疲労を起こしていると推測される。一方、①②③の兆候のない者は、逆に休日ゆっくりすると精神的な疲れが取れる70.3％と多かった（図１）。

　ステイホーム以後に①②③の３つの兆候がある者は、休日ゆっくりしても精神的な疲れがとれないと訴え、極めて高い91.5％と最多でステイホーム以前と比べ増加がみられる。この状態が続くと、自律神経系と不調和の暴走を始めると考えられる。一方、①②③の兆候のない

者は、休日ゆっくりすると精神的な疲れが取れる66.7％と多かった（図2）。ステイホーム以前よりストレスコーピングが出来ていることがステイホーム以後の生活への影響を受けにくいと考えられる。

　ステイホーム前後の強いストレスは大脳辺縁系の海馬を攻撃して脳内に影響を与える。まず、集中力と記憶力（海馬）に、次に不眠（自律神経系の興奮）をきたし、さらに不安（情動）に影響を及ぼすと推測される。永田は、海馬はコーチゾルの影響を受けやすく、加齢によ

図1　ステイホーム以前集中力と記憶力が劣っている不眠がある不安がある者は休日ゆっくりしても精神的な疲れが取れない

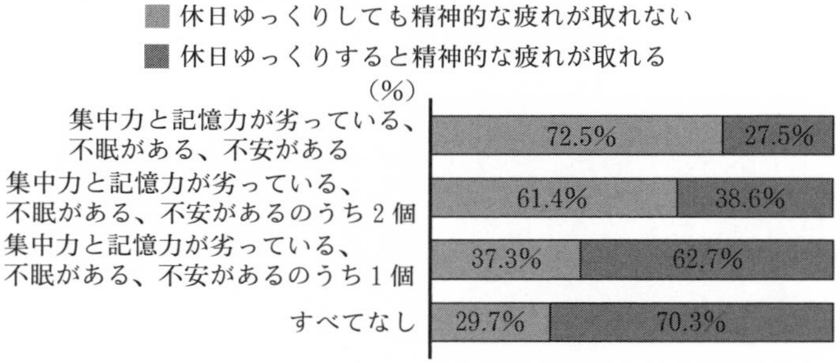

■ 休日ゆっくりしても精神的な疲れが取れない
■ 休日ゆっくりすると精神的な疲れが取れる

（％）

集中力と記憶力が劣っている、不眠がある、不安がある	72.5%	27.5%
集中力と記憶力が劣っている、不眠がある、不安があるのうち2個	61.4%	38.6%
集中力と記憶力が劣っている、不眠がある、不安があるのうち1個	37.3%	62.7%
すべてなし	29.7%	70.3%

加瀬、2020年日本人の大学生を調査　n＝304　**　p＜0.0001

図2　ステイホーム以後集中力と記憶力が劣っている不眠がある不安がある者は休日ゆっくりしても精神的な疲れが取れない

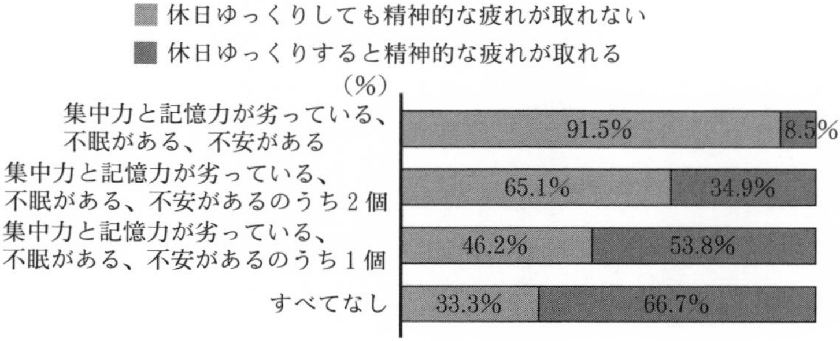

■ 休日ゆっくりしても精神的な疲れが取れない
■ 休日ゆっくりすると精神的な疲れが取れる

（％）

集中力と記憶力が劣っている、不眠がある、不安がある	91.5%	8.5%
集中力と記憶力が劣っている、不眠がある、不安があるのうち2個	65.1%	34.9%
集中力と記憶力が劣っている、不眠がある、不安があるのうち1個	46.2%	53.8%
すべてなし	33.3%	66.7%

加瀬、2020年日本人の大学生を調査　n＝304　**　p＜0.0001

る老化以上の速さで神経細胞が脱落し、著しい時には記憶障害や痴呆に陥ることもあると示唆している。[6]

　「疲れ」はストレスを受けたとき、身体の自律神経機能やホルモンがコントロールしている脳で感じ、身体を守る大切な慢性疲労のサインである。慢性疲労は意欲、計画性、創造性などを司る前頭前野が萎縮するとされる。TGF-βはウイルスや細菌などが体内に入ると攻撃命令を伝える物質が、アセチールカルチニン、セレトニンといった神経伝達物質を抑えてしまうことで、情報伝達が行われなくために、疲れを引き起こすことは池谷が示唆している。[7]

　我々はストレスを受けると視床下部は、CRH（コルチコトロピン遊離促進ホルモン）を分泌する。CHRの刺激を受けた下垂体はACTH（副腎皮質刺激ホルモン）を分泌、ACTHの刺激を受けた副腎皮質はコルチゾールと呼ばれるホルモンを分泌し、コルチゾールは全身に働きかけて、血圧や血糖を上げることで、ストレスに対抗する。その後、コルチゾールは、視床下部及び下垂体に働きかけて、CHR及びACTHの分泌量を減少させ、コルチゾールの分泌量も減り、平常状態に戻る。今回の調査によれば、ステイホーム前から集中力と記憶力が劣っている者が多く見受けられる。記憶のうち短期記憶は主に海馬で覚えた記憶の情報として大脳皮質に入り、その記憶は大脳皮質に貯蔵されるが繰り返し学習し刺激が強いほど消滅しにくくなる。

　　1．人間は生きている限り、快適なストレスと不快なストレスを交互に受け入れ、それが刺激となって生きている。ストレスゼロの状態は永久にない。

　　2．よりよき目標に対し達成する努力をする時には、人はストレスを受ける。しかし、ストレスを受けていても、やがては快いス

トレスに変わる。

3．ストレスを全部排除しようとすると逃避的な人生や生活を送る
　ことになる。

4．人間は自分の行動で環境をコントロールすることが出来ないと
　意欲がなくなり、学習能力が低下しうつ状態に陥り、自尊感情
　が低くなり情緒的な混乱を招く。

3．新型コロナ禍におけるステイホーム前後の運動との関連

　姿勢の維持や適切な行動を選択するなどの細やかな運動の制御には、脳の中心部に存在する黒質緻密部から線条体に投射するドーパミン作動性ニューロンの役割があり、とくに自分の意思で体を動かす随意運動開始に関与している。ドーパミンの放出が減少すると運動機能が低下し、パーキンソン病と呼ばれる状態となる。パーキンソン病の初期症状は、運動が緩慢となり随時運動の開始ができなくなり、進行すると筋緊張が亢進し「振戦」と呼ばれるふるえが止まらなくなる。一方、腹側被蓋野に存在するドーパミン作動性ニューロンは、大脳皮質を含む広範囲に投射し情動や報酬行動に関与している。報酬行動とは、本能が充たされる際の快感や快感をより多く得ようとするために予測した結果生じるやる気などと関連する行動である。また、記憶とも関与し、受けた感情情報を過去のものと参照して評価する。ドーパミンが作用する脳の淡蒼球は、報酬の量を予測しやる気をコントロールすることから「やる気スイッチ」とも呼ばれる。神経伝達物質であるアセチルコリンは、筋肉を動かす末梢神経と筋肉の接合部ではたらき、大脳皮質や海馬で情報伝達に関与し、学習や記憶に重要な働きをもつ。睡眠中に作業記憶（ワーキングメモリー）のような短期記憶を長期記憶

として定着させるθ波のリズム発生に重要であると毛内が表している[8]。

　ステイホーム以前から①不安がある②よく眠れない③気が散るの3つの兆候があった者はスポーツや手先の運動ができない84.0％とスポーツや手先の運動ができない傾向が高くみられている。一方、ステイホーム以前に①②③の兆候のない者は、スポーツや手先の運動ができる82.6％と多かった（図3）。ステイホーム以前からスポーツや手先の運動ができない者のステイホーム以後①②③の3項目とも兆候があった者は最多で27.8％みられた（図4）。これらのことから、スポーツや手先の運動ができない者は、ステイホーム以後も不安・不眠・気が散るなどの脳疲労のストレス兆候が出やすいといえる。

　脳内では古皮質から湧きあがった怒りの衝動を、大脳皮質である前頭葉の理性で抑えているが、これは抑圧された状態で本人の自覚がなくても、強い怒りや衝動がずっと蓄えたままでいる状態である。この状態では人格を不安定にすることもあると永田が表している[9]。

図3　ステイホーム以前から不安があってよく眠れない気が散る者はスポーツや手先の運動ができない

■ スポーツや手先の運動ができない
■ ステイホーム以前からスポーツや手先の運動ができる

（％）

	できない	できる
不安があって、よく眠れない、気が散る	84.0%	16.0%
不安があって、よく眠れない、気が散るのうち2個	77.1%	22.9%
不安があって、よく眠れない、気が散るのうち1個	26.1%	73.9%
ステイホーム以前いずれの兆候もなし	17.4%	82.6%

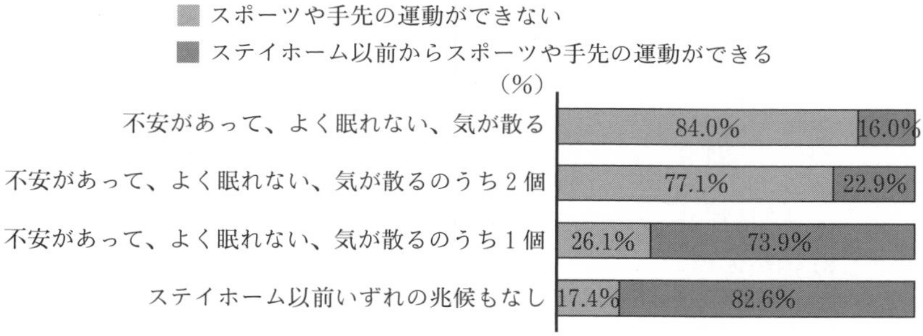

加瀬、2020年日本人の大学生を調査　n＝304　**　p＜0.0001

**図4 ステイホーム以前からスポーツや手先の運動ができない者の
ステイホーム以後の兆候の比較**

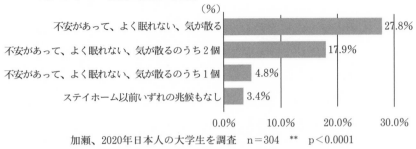

（％）

不安があって、よく眠れない、気が散る	27.8%
不安があって、よく眠れない、気が散るのうち2個	17.9%
不安があって、よく眠れない、気が散るのうち1個	4.8%
ステイホーム以前いずれの兆候もなし	3.4%

0.0%　10.0%　20.0%　30.0%

加瀬、2020年日本人の大学生を調査　n＝304　**　p＜0.0001

　近代社会において科学技術の発達とともに機械文明が日常生活の中にまで浸透して、生産性が向上し労働時間の短縮をもたらした。生産のオートメーション化によって単純作業が増加したために、新たな機械作用による身体的および精神的障害を誘起することになりオートメーション管理は精神的集中を要求し、極度の緊張を強いられることとなった。このために運動不足による肥満、糖尿病、ストレスによる高血圧など身体的にはマイナスの要因となった。

　その対策の一つとして、健康のためのスポーツが取り入れられるようになり、スポーツは体力の増強が目的となった。さらに体力増強、肥満、生活習慣病予防のためには有酸素運動の効果が示されている。なお、現代の高齢社会では日常生活を普通に生き維持するために筋力を落とさない目的でリハビリテーション施設に通っている高齢者に遭遇する機会が多い。

　また、宮口によると非行少年は学校では気づかれず、社会で忘れられた人々だといい、彼らの共通する特徴として、認知機能の弱さ、感情統制の弱さ、融通の利かなさ、不適切な自己評価、対人スキルの乏しさ、身体的不器用さがあると示している。[10]

　情動は大脳辺縁系で生じ、大脳皮質と神経線維で密着に連絡している。大脳辺縁系と皮質領域の双方向の交通のおかげで情動を意識的に感じ、また意識的な思考が情動に影響を与えるのを感じることもできる。情動は視床下部や下垂体を含む脳のさまざまな部分におけるネットワークの中で生じ、これらの部位はホルモン分泌を調節することで、心拍数の上昇や筋の収縮などの生理的反応をもたらす。情動は普通一過性でその時の社会的な状況、行動や思考に応じて生まれ適応行動を起こすきっかけとなる。

　一方、気分は数時間から数日、ある種の病気の場合には数か月に及ぶ苦悩の情動が持続すると、それは気分として「悲哀sadness」と呼ばれ、さらに苦悩が何週間も容赦なく持続すれば「うつdepression」と呼ばれる。扁桃体の隣にある大脳辺縁系は、不安に関連する扁桃体やその他の大脳皮質を抑制することによって「快」感情の生成に関与する。期待や快楽検索行動は、報酬回路の影響下にあり、報酬回路は視床下部と扁桃体に働き、ドーパミン（期待や欲求をもたらす）やGABA（神経細胞の発火を抑える）を放出する。

　意識的な運動では、運動前野と補足運動野を含む、より高次の前頭領域が使用される。また、前頭前野背外側部などの前頭前野領域も関与し、行為の意識的な評価が行われる。複雑な動きを成し遂げるためには、1つ1つの動きの順序とタイミングをごく正確に協調させなければならない。このはたらきは運動野と神経線維で連絡された小脳によって制御される。小脳は、運動野が送る運動ニューロンへ向けた信号の修正も行い、ある筋が収縮する時には反対側の筋もブレーキとして働かせ、手足が正しい目標へと到達するようにしている。[11)]

4．歴史的背景からみる学生の状況

表2　子どもを取り巻く社会情勢と子どもに関わる事象および問題

年	社会情勢	子どもに関わる事象および問題
1945年（昭和20年）	第2次世界大戦日本の無条件降伏で終わり、GHQによる民主化政策始まる	戦後の混乱で不安定な生活 戦争孤児12万人
1947年（昭和22年）	日本国憲法施行 引揚者は600万人	教育基本法・学校教育法施行 6・3・3制男女共学および学校給食はじまる 合計特殊出生率4.54
1950年（昭和25年）	朝鮮戦争による特需	学校に行きたいが行けない子どもが多くみられた 新制中学の初の卒業生
1951年（昭和26年）	サンフランシスコ講和会議・平和条約調印	赤痢の大流行
1955年（昭和30年）	3種の神器　白黒テレビ・洗濯機・冷蔵庫	少年の自殺増加
1956年（昭和31年）	日ソ共同宣言 国際連合に加盟	プロレスごっこ・太陽族 初の全国学力調査実施
1957年（昭和32年）	東海村原子炉で日本初の原子の火ともる	ロカビリーブーム
1958年（昭和33年）	日本初のスーパーマーケット開店 流通革命	東京都の学校給食に牛乳が加わる
1959年（昭和34年）	皇太子明仁親王が正田美智子とご成婚	緑のおばさん（学童擁護職）制度が始まる NHK教育テレビ放送開始
1960年（昭和35年）	国民所得倍増計画 高度経済成長政策	高等教育機関の増加 だっこちゃんブーム 核家族化が進む
1961年（昭和36年）	国民皆保険・皆年金実施	全国一斉学力テストを実施
1962年（昭和37年）	東京オリンピックでスモッグが問題化	ツイスト流行
1963年（昭和38年）	日本初の高速自動車国道名神高速道路開業	大阪に横断歩道橋が登場
1964年（昭和39年）	東海道新幹線開通 東京オリンピック	母子及び父子並びに寡婦福祉法公布
1965年（昭和40年）	ベトナム戦争激化	大学生数100万人突破

1966年（昭和41年）	新３種の神器　カラーテレビ・カー・クーラー	家庭の教育力がいわれ始める教育ママ
1967年（昭和42年）	公害対策基本法公布	ミニスカートブーム
1968年（昭和43年）	川端康成　ノーベル文学賞受賞学園紛争	３億円事件
1969年（昭和44年）	東大安田講堂攻防戦	カギっ子シンナー遊びでの死者増加
1970年（昭和45年）	光化学スモッグ問題化ファミリーレストラン１号店すかいらーくが東京国立に開業日本万国博覧会開催	校内暴力＋登校拒否＋家庭内暴力離婚率の増加
1971年（昭和46年）	ドルショックマクドナルド日本１号店が銀座に開店世界初のカップ麺「カップヌードル」発売	落ちこぼれ、遊び型非行中教審答申「第三の教育改革」ボウリングブーム
1972年（昭和47年）	沖縄が日本に復帰日中国交正常化	オセロ発売
1973年（昭和48年）	第１次オイルショック	ニューファミリー
1974年（昭和49年）	狂乱物価コンビニエンスストア　セブンイレブンが東京豊洲に開店「宇宙戦艦ヤマト」放映開始	暴走族・マイホーム主義教員人材確保法制定高校進学率90％を超す
1975年（昭和50年）	有名企業（日本熱学工業・三省堂・ミツワ石鹸など）倒産相次ぐ	不登校が社会問題化学童の肥満・思春期やせ症の増加私立学校振興助成法公布合計特殊出生率1.91に低下
1976年（昭和51年）	ロッキード事件	学校給食に米飯導入
1977年（昭和52年）	平均寿命世界一（男72.69歳、女77.95歳）国民栄誉賞創設され王貞治が受賞	学習指導要領改訂のねらい「ゆとりと充実をもたせる」モラトリアム人間・カラオケ家庭内暴力の増加・子どもの群発自殺
1978年（昭和53年）	第２次オイルショック	非行の低年齢化、粗暴化、集団化
1979年（昭和54年）	パソコン発売	国際児童年・養護学校の義務制初の共通一次試験母原病
1980年（昭和55年）	日本の自動車生産台数が世界第１位	校内暴力・家庭内暴力激化金属バット両親殺人事件

1981年（昭和56年）	中国残留孤児初来日、調査始まる	個性化・多様化の強調 指示待ち世代
1982年（昭和57年）	戸塚ヨットスクール問題 テクノロジー・化学ブーム	弱いものいじめ、ネアカ・ネクラ
1983年（昭和58年）	東京ディズニーランド開園	中学生浮浪者襲撃事件 子どもの8割が自室を持つ
1984年（昭和59年）	日本専売公社・電電公社民営化決定 臨時教育審議会発足	荒れる学校、教育荒廃 校内暴力からいじめ
1985年（昭和60年）	NTT、日本たばこ産業発足	家庭内離婚
1986年（昭和61年）	男女雇用機会均等法施行	新人類、究極
1987年（昭和62年）	国鉄分割民営化	サラダ記念日現象
1988年（昭和63年）	バブル景気	ファミコン症候群
1989年（昭和64年・平成元年）	消費税3％スタート 任天堂ゲームボーイ発売 昭和天皇崩御	学習指導要領改訂のねらい 「新しい学力観と個性重視」
1990年（平成2年）	東西ドイツ統一	少子化（1.57ショック）、オタク族 第1回大学入試センター試験実施
1991年（平成3年）	バブル崩壊	保健室登校 大学設置基準の改訂
1992年（平成4年）	週休2日制スタート	不登校児童・生徒数増大 いじめ問題
1993年（平成5年）	皇太子徳仁親王が小和田雅子とご成婚	サッカーブーム、コギャル
1994年（平成6年）	松本サリン事件	中学生いじめ自殺事件 携帯電話普及 子どもの権利条約発効
1995年（平成7年）	阪神・淡路大震災 地下鉄サリン事件	いじめ急増 学校からのドロップアウト急増・不登校 スクールカウンセラー派遣
1996年（平成8年）	大阪府堺市の小学校でO157による集団食中毒	たまごっち、援助交際、親父狩り 携帯電話・PHSの契約者急増
1997年（平成9年）	消費税5％	不登校10万人を超える 神戸少年児童連続殺傷事件
1998年（平成10年）	金融破綻、銀行・企業倒産 格差社会論争	学級崩壊 ポケモンテレビ失神事件・キレる少年 学習指導要領改訂「生きる力」

1999年（平成11年）	不況自殺	対教師暴力の増加
2000年（平成12年）	IT革命、「官」対「民」	17歳問題、学力低下、引きこもり激増 児童虐待の防止等に関する法律 学級崩壊、中高生の凶悪犯罪
2002年（平成14年）	銀行再編成	完全学校週5日制実施 新学習指導要領実施
2003年（平成15年）	個人情報保護関連法成立	子どもの生活習慣の乱れ 青少年育成推進本部設置し、青少年育成施策大綱策定
2005年（平成17年）	京都議定書発効 郵政民営化法成立	合計特殊出生率1.26に低下
2007年（平成19年）	食品偽装問題	ゆとり教育の見直し 成人麻疹大流行 携帯所持の低年齢化 児童生徒の暴力行為増加
2008年（平成20年）	リーマンショック	携帯依存、ネットいじめ問題 新しい「青少年育成施策大綱」策定
2009年（平成21年）	全国初の裁判員裁判	待機児童対策を求めデモ
2010年（平成22年）	日本年金機構発足	子どもの貧困問題化 子ども・若者育成支援推進法施行 高校授業料無償化・私立高校授業料負担軽減
2011年（平成23年）	東日本大震災	アナログ放送完全終了 大津市中学生いじめ自殺事件
2012年（平成24年）	東京スカイツリー開業	LINE人気爆発 大阪市高校生体罰自殺事件
2014年（平成26年）	消費税8％ STAP細胞論文捏造や改ざん	58年ぶり教育委員会制度改革
2015年（平成27年）	中国人観光客による爆買い	選挙権18歳以上参議院で可決
2016年（平成28年）	熊本地震発生	ポケモンGO国内配信開始 子供・若者育成支援推進大綱決定
2017年（平成29年）	仮想通貨ビットコインが高騰 森友学園問題	幼稚園教育要領 小・中学校学習指導要領改訂

2018年（平成30年）	働き方改革法案成立	高等学校学習指導要領改訂 改正民法採択 成人年齢18歳女性の婚姻可能年齢18歳
2019年（平成31年・令和元年）	天皇明仁の譲位により5月より令和に改元 消費税10%	改正児童虐待防止法成立
2020年（令和2年）	新型コロナウイルス感染拡大	女子高校生の自死増加

出典：詳説日本史図録（第6版）、発達障害白書2015年版、内閣府子ども・若者白書、日本子ども史

　近年日本の青少年層は"夢をかなえたい"、"勝ち組になりたい"といった言葉が賛美される中、資本主義での競争に勝って成功することを望んでいるが、彼らは人間関係で悩み、「不登校」「引きこもり」「ニート」「うつ状態」に陥る人たちが増加の傾向にある。今この問題について、国連子ども委員会は日本政府に対して2度にわたり「児童が高度に競争的な教育制度で、余暇、運動、休息の時間が欠如していることによって、発達障害にさらされている。そこで、過度なストレスを予防し、これと戦うために適切な措置をとるべきである」と勧告していた。近年の新型コロナウイルス感染の状況に鑑み、在宅における学生生活の自粛は、人との関係性を模索する。人間関係は相手との距離をとって、言語や身体的運動や行動を通して互いにやり取りをして気持ちを通い合わせる必要がある。しかしながら、うつ的な兆候は大脳皮質および大脳辺縁系から自律神経に影響し、腰痛・肩こり、嘔吐・下痢などの消化器症状を引き起こし、体調不良を招いている。

　現在のメールなどの電子機器で、伝達しあう関係は希薄な人間関係をさらに希薄にさせる結果となった。戦後の精神的・心理的な空洞化は日本的な伝統あるいは文化的価値を低めた。物事の価値を喪失し、代わりに「豊かさ」とは、物質的豊かさの増大へと関心を集中させた。

戦後の指標とされた戦後復興、「平和と民主主義」を二十年余りという大急ぎで達成してきた日本人は1970年代の二度の石油ショック、80年代半ばの1人当たりのGDP（国内総生産）でアメリカと並ぶ経済大国となったが、90年代にはバブル経済の崩壊によって、これまで戦後日本を支えてきた柱、価値観が一挙に崩れ去っていった。それに相まって、以前から進んでいた核家族化のさらなる進展等によって、それまでのような地域社会を維持できなくなっていった。そして、学校、地域、社会においては、規範や価値の伝達は困難になっていった。さらに現代の若者一般は浅い人間関係を好むといわれるようになってきた。そんな中で「生きていくうえで何が必要か」「社会生活において必要なものは何か」という具体的な価値や将来像と結びつき難い社会である。

　文部科学省が毎年5月1日現在実施している調査は、学校に関する基本的事項を調査し、学校教育行政上の基礎資料を得ることを目的としている。2020年は高等学校の進学率は95.5％となり、大学・短期大学進学率は58.5％となる（図5）[12]。高等学校および大学・短期大学への進学率を5年ごとの推移でみると、高等学校への進学率は1961（昭和36）年62.3％から上昇傾向となり1975（昭和50）年以降90％台になっている。大学・短期大学への進学率は1961（昭和36）年11.8％であったが、1970代には30％台に2000年代には50％を超え、2020（令和2）年では58.5％に及んでいる（図6）。高等教育はかつて限られた者が、学問を修めるために進む過程であったが、現在は望めば大半が教育を受けられる時代となっている。

　今回の調査対象者の学生は1998〜2002年生まれで、表2をみるとこ

124

図5　2020年学校基本調査

就園率・進学率の推移

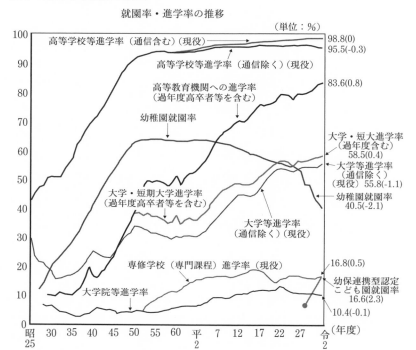

出典：文部科学省　2020年学校基本調査

　の時代には、経済破綻や低年齢者の凶悪犯罪がみられる一方、IT革
命などの技術革新も起こっている。引きこもりが激増し、完全学校週
５日制実施で時間のゆとりはあるが学級崩壊や学力低下、孤食や就寝
時間の深夜化など子どもの生活習慣の乱れも問題視されている。

　その親世代が青年期であった1970年代は次のような特徴が挙げられる。

　①第２次世界大戦中に解体されていた学生運動は戦後すぐに復活し、
大学民主化運動や安保闘争後下火になったが、ベトナム戦争反対運動
で再び盛り返し高校生にも波及する学園紛争となった。しかし、内ゲ

図6　高等学校および大学・短期大学への進学率5年ごとの推移（1961〜2020年）

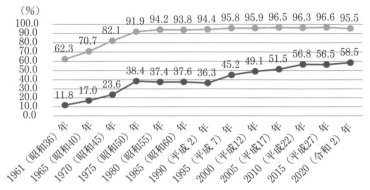

出典：2020年　文部科学省学校基本調査より作成

バや党派闘争などから過激化したことで急速に支持されなくなり、また1972年の沖縄返還などにより反米感情も薄れ、社会が豊かになるにつれ学生運動は退潮していった。

　②1950年代より高価なオートバイを集団で乗り回し、マフラーを外して爆音を響かすことから「カミナリ族」と呼ばれた若者たちは、高度成長期の社会的変化にストレスを受けたことによる社会的モラトリアムの範疇として許容されていた。1971年中教審答申「第三の教育改革」では、授業時間を増やし経済発展に必要とされる理数系教科の重視と内容の高度化が求められた。この教育に行き場を見失った不良少年たちは低価格となったオートバイを乗り回し「狂走族」から暴行・恐喝事件を引き起こす「暴走族」となり、1970年代に全国各地に広まった。

　③戦後の高度経済成長に産業化の結果として農業人口が大幅に減少し、第2次、第3次産業人口が増え都市部への人口の流出は核家族を

もたらすこととなる。「貧しさからの脱出」から「豊かさの追求」に
かわり、マイホームを手に入れ会社や社会に従順するのではなく、私
生活に重きを置くマイホーム主義や大衆消費社会へと変化した。

　④海外へは留学や視察など職業上の理由が必要であった業務渡航制
度から1964年外為規制の緩和措置によって観光渡航の自由化がされた。
その要因には日本経済の成長と輸出入の増加、為替の円高が加わり、
ジャンボジェット機の就航による旅行費用の低廉化もあり海外旅行の
一般化が始まった。

　一方、ファーストフード店やファミリーレストランの開店、コンビ
ニエンスストアができインスタント食品が発売され、これらは豊かさ
の象徴となった。しかしながら、便利さは家事の負担を減らす一方、
子どもの生活をも大きく変えていくことになった。総理府の「国民生
活に関する世論調査」では、物質的に豊かになり経済的な充実より、
心の豊かさやゆとりのある生活をすることに重きを置く割合が増加し
てきている。1億総中流意識が謳われた高度経済成長時代、高校進学
率は90％を超し、誰もが教育を求め、すべての人に教育が開かれてい
るようなイメージが定着した大衆教育社会になったとされるが、相対
的な差は残っている。

　生徒に差別感を生みださない教育が平等な教育と位置づけられ、教
育の「画一的平等化」によって教育機会の拡大を促し、努力主義を広
め「生まれ」によらずだれでも教育において成功できるチャンスが与
えられていることを強調した。さらには、だれもが学歴取得競争に手
続き上は同じ条件のもとで参加でき、選抜の公平さの追求が厳密で分
かりやすい可視的な選抜のしくみを生み出した。戦後の徹底した教育
における平等主義は、競争以前に生じる社会的平等を不問に付す役割
を演じたと刈谷は示す。[13]

　相対的貧困率とは、一定基準（貧困線）を下回る等価可処分所得し
か得ていない者の割合をいう。なお、貧困線とは等価可処分所得の中
央値の半分の額をいい、等価可処分所得とは、世帯の可処分所得（収
入から税金・社会保険料等を除いたいわゆる手取り収入）を世帯人員の平
方根で割って調整した所得をいう。相対的貧困とは他の人と比べてど
の程度所得が低いのか、平均的な所得と比較して何パーセント以下の
所得しかない場合を「貧困」と橘木は定義している[14]。相対的貧困率と
子ども（17歳以下）の貧困率をみると、1985（昭和60）年相対的貧困率
は12.0％、子どもの貧困率10.9％から2018（平成30）年では相対的貧困
率15.4％、子どもの貧困13.5％と拡大がみられる（図7）[15]。世帯類型別
に貧困率をみると母子家庭の半数が貧困に苦しみ、その要因として子
どもを育てながらの女性はフルタイムでの就労につくことができにく
く、短時間労働者となる。また、母子家庭になる以前にその女性が専
業主婦であった場合は、未熟練労働者として位置づけられてしまう。
これらのことから低賃金の労働につくことになると橘木は表している[16]。

図7　相対的貧困率と子どもの貧困率の推移

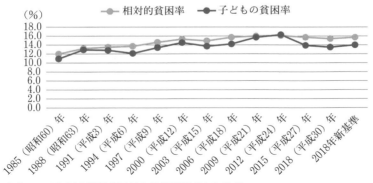

出典：2019年厚生労働省国民生活基礎調査より作成

　総務省統計局「労働力調査（基本集計）」によると、2019（令和元）年の女性の労働力人口は3,058万人（前年比44万人増）で、女性の労働力人口比率は53.3％（前年比0.8ポイント上昇）である。生産年齢（15〜64歳）の女性の労働力人口比率は、72.6％（前年比1.3ポイント上昇）である。また、女性の雇用者数は2,720万人（前年比49万人増）で、雇用者総数に占める女性の割合は45.3％（前年比0.3ポイント上昇）となっている。また、共働き世帯は1989（平成元）年42.3％から2019（平成31）年66.2％と平成の30年間で約1.6倍に増加している。さらには平成の30年間で三世代世帯は約4割から約1割へと減少し世帯構造の変化によって、「地縁、血縁、社縁」の弱まりの一方、ボランティア等によってつながる「新たな縁」や、支え手・受け手といった枠を超え、支え合いながら暮らす「地域共生社会」の実践も拡がりつつあると令和2年厚生労働白書で表している[17]。また、厚生労働省「令和元年賃金構造基本統計調査」によると、雇用形態別賃金は男性では正社員・正職員351.5千円（前年比0.1％増）に対し、正社員・正職員以外234.8千円（同1.0％増）、女性では、正社員・正職員269.4千円（同1.5％増）に対し、正社員・正職員以外189.1千円（同0.6％増）となっている[18]。男性正社員・正職員の賃金に対し女性正社員・正職員は76.7％、女性正社員・正職員以外は53.8％とかなりの格差がみられている。

　令和2年子ども・若者白書では、子どもの貧困率及び子どもがいる現役世帯のうち大人が一人の貧困率の直近値は低下しているものの、特に子どもがいる現役世帯のうち大人が一人の貧困率は2015（平成27）年国民生活基礎調査において50.8％と高い水準にある。児童のいる世帯のうち、ひとり親家庭の世帯の割合は2018（平成30）年は6.8％で近年大きな変化はみられない。ひとり親家庭の平均所得は、2017（平成29）年324.5万円で他の世帯761.1万円と比べて大きく下回っており、

子どもの大学進学率は全世帯では73.0％に対しひとり親家庭は58.5％と低い状況にある。家庭の経済状況等によって子供や若者の将来の夢が断たれたり、進路の選択肢が狭まることのないように、教育、生活面、親の就労など様々な支援が求められていると示している[19]。

　さらに、文部科学省による新型コロナウイルスの影響を受けた学生への支援状況等に関する調査（令和2年12月時点）で、学生数に占める4月～12月の中退者数の割合は、令和元年度に比べて令和2年度の方がやや少ないが、中退の理由の主なものは、経済的困窮19.3％、学生生活不適応・修学意欲低下18.3％となる。休学者の割合は、令和元年度と令和2年度で大きな変化はなく、休学理由の主なものは、経済的困窮16.0％、心身耗弱・疾患8.1％などとなっている。大学側の措置として、後期分の授業料納付猶予や授業料等減免も実施している[20]。

　2021年1月29日読売新聞の記事によると、完全失業率は2.8％で11年ぶりに悪化した。有効求人率は1.18倍で下げ幅は0.42ポイントとなり石油危機が影響した1975年以来45年ぶりの下げ率であった[21]。感染拡大防止のための緊急事態宣言により、閉店、営業時間短縮を求められた飲食・サービス産業や小売りなどの業種で業績の打撃を受けており、従業員を非正規の女性や学生を含む若者に頼っていたこれら業種に大きな影響が及び、これら非正規労働者の休業や雇止め、新規採用を絞る動きがみられている。

5．疲れやストレスへの対処方法

　脳は3歳ぐらいで海馬が成熟し記憶の保持が可能となり、10代では空間や感覚、聴覚や言語の領域と関連した頭頂葉と側頭葉が成熟するが、思考や立案に役割を果たす前頭前野はまだ発達途上にある。その

ため、感情的な情報を処理する際には、扁桃体に頼っているため判断力のなさや衝動の制御がしにくいといわれている。また、前頭前野は運動技能に役割を果たす大脳基底核と密接に関連している。頭頂葉と前頭葉で作られた運動計画は、大脳基底核へと送られ、視床を経由した後、実際の運動が行われる前に補足運動野（SMA）と運動前野（PMA）に送り返される。フィルターとして働く大脳基底核は、食べ物を手づかみするなどの環境に誘発されて自動的に起こる不適切な運動計画を阻止する。[22]

　「思考力と記憶力が劣っている」ことと身体運動との関連性がみられる。筋力が落ちていない者では集中力と記憶力が劣っていない82.8％、筋力が落ちている者では集中力と記憶力が劣っていない54.9％であった（図8）。筋力の低下の有無が集中力と記憶力に影響していることに有意の差がみられた。筋力の低下によって姿勢が悪くなると、集中力や記憶力の低下を招くといわれている。

図8　筋力が落ちている者と集中力と記憶力が劣っている者との関係

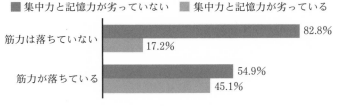

平塚、2015年日本人に対して調査より　n＝2883　**　p＜0.0001

　運動は主に脳の血流を良くし、ストレスを軽減することで、脳疲労を回復させる。人は歩行運動によって大脳辺縁系を刺激して気持ちを前向きにさせる。神経伝達物質セロトニンは精神を安定させ、ドーパ

ミンは目標を掲げて頑張ることに報酬を与え、さらにセロトニンは抗重力筋につながる運動神経に軸索を伸ばして刺激を与えることに関係している。ジョージア大学で行われた運動と脳の研究によると、簡単な20分程度の運動によって、仕事の処理能力や記憶力が大幅に改善すると発表している。

　集中力と記憶力が劣っている者の屋外で日光にあたる時間との関係において、集中力・記憶力が劣っていると感じる者の最多は 0 ～30分30.4％で、集中力と記憶力の劣っていない者の最多は、 2 時間から 3 時間76.1％であった（図 9 ）。セロトニン回路を活性化させ、心身を良好な状態に保つためには、「太陽光を浴びる」こと、ウォーキングやジョギングなどの「リズム運動」をすることを篠浦が表している。[23]

図 9　集中力と記憶力が劣っている者の屋外で日光にあたる時間との関係

■集中力と記憶力が劣っている　■集中力と記憶力が劣っていない

時間	劣っている	劣っていない
300分以上	18.9%	77.4%
241～300分	25.3%	67.8%
182～240分	25.9%	72.6%
121～180分	21.6%	76.1%
61～120分	27.0%	67.7%
31～60分	26.9%	71.2%
0 ～30分	30.4%	65.3%

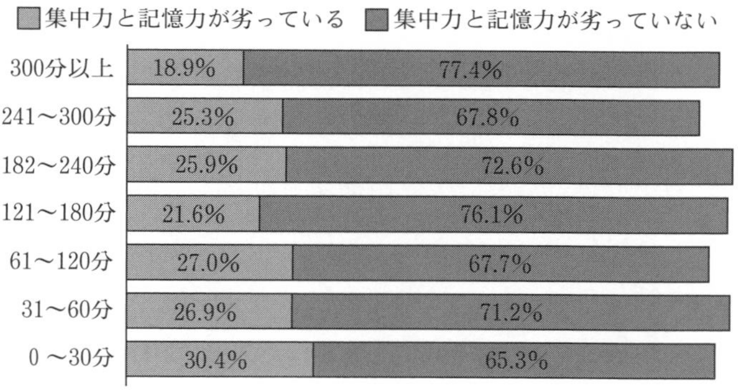

平塚、2015年日本人に対して調査より　　n＝2686　　＊　p＜0.05

　今回の調査において「思考力と記憶力が劣っている」ことは、高齢者を超えるような、大脳皮質の疲労が考えられる。中枢は大脳皮質に集中しており、外界から得られた情報や記憶をつかって、前頭連合野

が起こりうることを想定して適切行動を判断しなければならない。なお、慢性疲労症候群では、最初に疲れを感じる中心は「情動／意欲」の部分である。この部分は「新規学習、計画、創造、意欲」の活動低下と関連している。とりわけ大脳の32野の前頭帯状回は人の社会性の根幹をなす「他人の視点に立って考える」能力に関連するとみられている[24]。

　生命は不安定な現象であって、環境との不断の緊張関係の中で存在していて、人間は生きている限り「病む者」であり、近年の人々の心と体で感じる異常も社会の中で生じている現象であると考えられる。ストレスを受けた時、体の自律機能やホルモン量をコントロールする脳の領域である視床下部からCRH（コルチコトロピン遊離促進ホルモン）が分泌されて、副腎皮質へ伝えられる。この刺激を受け取った副腎皮質はコルチゾールと呼ばれるホルモンを分泌する。コルチゾールは全身をめぐり血糖値や血圧を上げたり、免疫反応をしずめ炎症を抑えたりする。ストレスに立ち向かうために、血糖値が上がれば脳に届く糖が増え情報処理が上がり、血圧が上がれば全身に酸素を送りやすくなり、運動能力が上がるために炎症が抑えられると、体の痛みや辛さを感じにくくなる。しかし、ストレスを長期間受け続けると体は緊張状態が続き、過剰なコルチゾールの分泌が続くと脳のニューロンが記憶をつかさどる海馬がダメージを受けることで、記憶力が低下する。一方、ストレスは扁桃体で、「恐怖や不安」を感じる働きを高める。近年の生活習慣の乱れは、脳疲労をきたしてその症状に認知力の低下があり、脳疲労はさらに「理解、判断、論理」などの人間の知的機能を奪い、学校や職場での生産性、作業効率を大幅に低下させてしまう。また認知能力は個人の能力や資質が大きく影響するものの、脳疲労

時には個人が持つ認知能力を100％発揮できない状態になっている。

　慢性疲労症候群では、脳へのストレスによって免疫力の低下した身体にウイルス感染し、免疫細胞を活性化する物質が出続けるために脳内の神経細胞機能が低下して、神経伝達物質が減少し「視覚―運動協調」「自律神経」の回路に影響を与える。最初に疲れを感じる「情動／意欲」の部分は慢性疲労症候群であり、「新規学習、計画、創造、意欲」の活動低下と関連している。

　生体リズムは、サーカディアンリズム（概日リズム）によって催眠ホルモンのメラトニンを調節して起こる。朝の光を浴びると生体リズムのずれは補正される。睡眠時間のずれによりメラトニンやセロトニンの合成や分泌量を減少させ、質の良い睡眠が取れていないと小野瀬は表している。[25)]

　睡眠をより良いものにし生体リズムを整えるためには、23時までの就寝、睡眠時間の確保、朝の光を十分に浴びることが必要である。[26)]日常生活における身体運動は、2つまたは3つの骨にまたがって付着している骨格筋が収縮・弛緩し、最終的に骨へ伝えられ行われる。人の骨の機能は年齢とともに変化し、特に骨密度は男女とも20歳代後半から30歳代前半をピークとして加齢とともに低下する。骨密度の低下の原因は、加齢、栄養、ホルモン、日光不足、胃腸障害や運動不足などの複数の要因が重なって生じ、運動の果たす役割は大きい。[27)]

　大脳半球の基底部に対になって存在する核の総称である基底核に被殻、尾状核、淡蒼球、視床下核、黒質が含まれている。ほとんどの入力線維は淡蒼球からくるもので、大脳皮質や黒質に由来する線維と一部一緒になり、大部分の出力線維は信号を淡蒼球と黒質に運ぶ。[28)]

　池谷はやる気のスイッチは淡蒼球を起動させることにあるという。池谷のいうスイッチは、①Body（身体）。脳が身体を支配しているの

ではなく身体が主導権を握っているため、休日でも起床のリズムを崩さないことや場所移動も効果的である。②Experience（経験）。日常生活の体験は海馬（かいば）を通じて記憶や知恵として脳に貯えられるが、通常の経験でなくいつもと違う要素、「形から入る」「身銭を切る」「人を喜ばせるためにやる」などを取り入れるのが効果的である。③Reward（報酬）。ごほうびの喜びは「テグメンタ」という脳部位を活性化させ、快楽物質であるドーパミンを出す。ドーパミンは淡蒼球に直接働きかけるため、ごほうびとやる気とは強い相関がある。お金や食べ物も報酬になるが、何よりのごほうびは達成感である。④Ideomotor（イデオモータ）。「念ずれば通ず」はウソではなく、強く念じることで、無意識のうちに身体が動く。成功のイメージを具体的に描き、その自分に「なりきる」ことでやる気が引き出される。と以上の4つを示す[29]。

　休養とは活動期からの一時的逃避行動であるが、作業（身体活動もしくは精神活動）を行えば疲労が生じ、それを回復させるには休養が必要となる。一定の作業に対して生体内で中止信号が疲労として発せられ、一定の休憩後には作業再開信号が疲労回復として発せられ、活動と休憩は繰り返されている。また、がんをはじめとするストレスが関与する疾患に対しても、ストレッサーそのものよりもそれに対する対処（coping）能力や過程が重要となる。休養の具体的手段を休養法と呼び、副交感神経優位な状態への早期移行、循環動態の回復、疲労物質の除去、エネルギー源の補給、疲労部分の自然治癒、再生の促進、免疫力の回復などがその目的となる。具体的な休養法には、消極的な休養法と積極的な休養法がある。消極的な休養法は骨格筋を弛緩させさらに心臓や血管に負担をかけず静脈還流量を増すため、心臓の高さ

に四肢や体幹を保持する必要がある。下腿の大筋群のみならず、姿勢保持に関与する抗重力筋群も弛緩させることで、大脳の興奮水準の低下に有効となり、消費エネルギーを抑え自律神経活動を副交感神経優位な状態へ移行することにより、代謝が同化作用へと傾く。また、睡眠はレム睡眠（身体の眠り）とノンレム睡眠（脳の眠り）の繰り返しによって成り立っている。レム睡眠では脳血流量が増加、代謝の亢進、神経伝達物質が増加するなど、脳は活発に活動する一方で、脳幹の青斑核神経細胞によって骨格筋の活動は抑制される。発育期の記憶や学習のためにはレム睡眠が重要となる。ノンレム睡眠では成長ホルモンの分泌亢進などの同化作用を高める効果がある（図10）。

図10　睡眠時と覚醒時における中枢への信号の違い

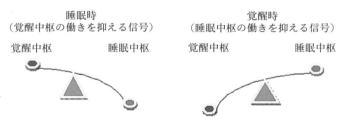

積極的な休養は適度な運動を取り入れ、消極的休養法よりも疲労状態からの早期回復を促す場合がある。運動後の歩行やジョギング運動による骨格筋活動は、血液循環促進による種々の疲労物質排泄に有効とされている。筋ポンプ作用によって静脈還流を増加させ、心臓への血液供給を助け、局所への酸素供給を増加させる。さらに、リンパ流も増加させ、脱水予防や種々の免疫反応、脂質輸送にも影響を及ぼす。休養をサポートする補助的手段として、マッサージ、温浴、物理的応急処置、補助食品や薬剤の利用などがある。[30]

136

運動も手軽に始められるのはウォーキングである。運動中の脳内で、生成されるβエンドルフィンがストレスの解消や抗不安作用があって、運動によって、脳由来神経栄養因子が活性化して、記憶、学習に必要な因子が活性化される。βエンドルフィンは爽快感、ドーパミンはやる気や達成感、セロトニンは幸福感やリラックス効果をもたらすホルモンである。歩き始めると20分ほどでβエンドルフィンやドーパミンが、40分ほどでセロトニンが分泌し始める。脳内ホルモンの分泌には20分以上のウォーキングが効果的である。短い時間の積み重ねでも気分転換やリラックスなどのよい影響が期待できるため、時間がないときも短時間ウォーキングに取り組むのが良いとされる（図11）。[31]

図11　運動の効果

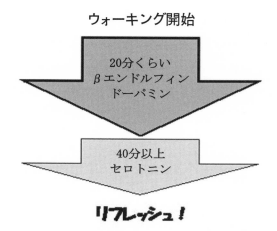

出典：ヤマハ健康保険組合 ココロにイイ！歩くと増える脳内ホルモンのリフレッシュ効果でこころもスッキリ！　をもとに作成

中枢神経系のグリア細胞のうちアストロサイトがシナプス伝達の調整を制御し脳の情報処理機構に関与し、記憶や学習に重要な役割を担

っている。さらに、ストレスを受けたあとに回復するレジリエンス（心理学用語で挫けないこころのはたらき）の関与に注目している。脳のアラートシステムであるノルアドレナリンは、刺激によって大脳皮質でカルシウムイオン濃度の上昇反応が見られる。アストロサイトは、ノルアドレナリンを受け取った際の反応性がとくに強いため、ノルアドレナリンの放出がアストロサイトを活性化させ、記憶力や学習効果の向上やうつ症状の改善にも効果がある可能性がある。ノルアドレナリンの放出は痛み刺激や恐怖体験でもみられるが、目新しい環境（新奇環境）における注意の上昇に対しても放出が高まる。そこで、新しい体験、新しい人との出会い、新しいことへの挑戦、旅行、道に迷ってみるなどを毛内は勧めている。[32]

6．他者との関わりと自己実現

　他人と相互援助（お互いを思いやって助け合った）経験があることは、子どもの時期から仲間関係形成の影響が考えられる。

　堀野らは子どもが仲間関係を形成するうえで直接的に影響を与えるのは、子ども自身が仲間に対してどのような行動をとるかであると述べ、その個人的要因を

　①子ども自身の心理的・情緒的な安定

　②不満や怒りを抑制できるという適度の欲求不満耐性や情緒統制力

　③社会的相互作用を形成、維持、強めるために有効な諸行動を適切に実行する社会的スキル

　④適切な行動の基礎となる、状況を正しく読み取り解決することのできる社会的問題解決能力や社会的情報処理能力などの社会的認知能力を示している。[33]

　他人と相互援助（お互いを思いやって助け合った）経験をした者は、自己実現に努力している95.1％は、自己実現に努力できていない78.4％よりも多く、一方、相互援助の経験のない者は、自己実現に努力できない21.3％は、自己実現に努力している4.5％よりも多かった（図12）。

図12　他人と相互援助（お互いを思いやって助け合った）経験をした者は自己実現に努力している

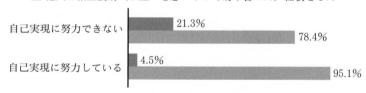

- ■ 相互援助経験をしていない
- ■ 他人と相互援助（お互いを思いやって助け合った）経験をした

自己実現に努力できない　21.3％　78.4％

自己実現に努力している　4.5％　95.1％

平塚、2015年日本人に対して調査より　n＝1239　**　p＜0.0001

表3　エリクソンによるライフスタイルの8段階

段階（時期）	発達課題		心理・社会的危機
Ⅰ　乳児期	基本的信頼	対	基本的不信
Ⅱ　幼児期前期	自律性	対	恥・疑惑
Ⅲ　幼児期後期	積極性	対	罪悪感
Ⅳ　学童期	勤勉性	対	劣等感
Ⅴ　思春期-青年期	アイデンティティ	対	自己同一性拡散
Ⅵ　初期成人期	親密と連帯	対	孤立
Ⅶ　壮年期	生殖性	対	自己専念
Ⅷ　老年期	統合性	対	絶望・嫌悪

出典：ライフサイクルと人間の意識　ハイメ・カスタニエダ　長島正編

　精神分析学者エリクソン（Erikson, E.H.）は、ライフサイクルの8段階を示し、その中心となるアイデンティティは青年期に獲得されるものとして位置づけられている（表3）。過去（子ども時代）からの自分を統合的に把握し、歴史的社会である現在の社会の中で自分の位置づけを行い、それを他者から承認してもらうことである。

　現代青年のアイデンティティは、

　①他者との差異の中に自己を見いだすこと

　②自分なりに選んだ自己を他者によって確認してもらうこと

　③自分がつくりあげたこだわりの体系を持つこと

　④常に他者によるその都度の確認を必要としている

　⑤悩んでいる部分は他人に見せないでパッと変化したように見せる

　⑥社会に働きかけて変革するのではなく自己を社会に合わせて変えていく

　⑦歴史と社会がアイデンティティから欠落していく

と高田は表している。[34]この著書は1987年出版のものであるが、現在の青年の兆候と現状に合点する部分が多いと考えられる。自己実現や社会の変革に興味を持たず自己の内面へのこだわりに固執しているが周りとのつながりを求めている。しかしながら、インターネットやスマホでの人間関係のつながりは錯覚である。そこに何をしていいのかわからないモラトリアムの状況がみられる所以である。

　コロナ禍にあって大きく変わったことに、コミュニケーションの変容が挙げられる。通学できない、3密を避ける教育環境においてパソコンやスマホは、新たな教育の道具となりインターネットを駆使することは生活になくてはならないライフラインともなった。

　現代社会において交通手段や情報システムの発達により日常の生活空間が情報や記号によって組み立てられ、遠近感を失った結果、人間

同士の関係も記号によって置き換えられるような無機質なものに変わろうとしている。パソコンやスマホにより手軽に手に入る情報が日常の空間における実在感を失い、身の回りの世界からリアリティが消えていった結果、実在するリアルワールドの方に不思議な違和感を持つようになっていると清水は表している。今まで培われてきた非言語的コミュニケーション（表情や空気を読む）に重きを置くよりも、言葉で伝え合う言語的コミュニケーションが重要になるのではないだろうか。

　教育基本法第1条に「教育は、人格の完成を目指し平和で民主的な国家及び社会の形成者として必要な資質を備えた心身ともに健康な国民の育成を期して行われなければならない。」と示されている。国の教育においては人格の陶冶を目指しているが、人格の陶冶とは人間性・道徳観を高めるために鍛錬して育成することである。本来、人と人とのつながりは、幼少期からの愛着形成に始まり、その関わりの中で善悪の判断をしつけられる。その後、集団生活で多くの人と関わることで道徳観を学ぶ。そこでは友人をつくり信頼できる人間関係を自立させ、自身で成長し続けることができるよう支援する必要がある。

【参考文献】
　1）厚生労働省HP『新型コロナウイルス感染症について』
　　https://www.mhlw.go.jp/stf/seisakunitsuite/bunya/kenkou_iryou/dengue_fever_qa_00001.html#Q2-1
　　アクセス日2021年2月23日
　2）PRTIMES withコロナ150日間、日常生活と価値観以変化を調査
　　https://prtimes.jp/main/html/rd/p/000000245.000003984.html
　　アクセス日2020年11月18日
　3）内閣府『新型コロナウイルス感染症の影響下における生活意識・行動の変化に関する調査』
　　https://www5.cao.go.jp/keizai2/manzoku/pdf/shiryo2.pdf

　　アクセス日2020年11月18日

4 ）内閣府『令和 2 年子ども・若者白書』

　　https://www8.cao.go.jp/youth/whitepaper/r02honpen/pdf_index.html

　　アクセス日　2021年 2 月23日

5 ）アンデシュ・ハンセン、訳・久山葉子『スマホ脳』新潮社、2021年 1 月

6 ）小野瀬健人著、永田和哉監修『脳とココロ』かんき出版、2003年 7 月

7 ）池谷裕二監修『（大人のための図鑑）脳と心のしくみ』新星出版社、2015
　　年10月

8 ）毛内拡『脳を司る「脳」最新研究で見えてきた、驚くべき脳のはたらき』
　　講談社、2020年12月

9 ）前掲書 6 ）

10）宮口幸治『ケーキの切れない非行少年たち』新潮社、2019年11月

11）Rita Carter、監訳者・養老孟司『ブレインブック—みえる脳』南江堂、
　　2012年11月

12）『学校基本調査/年次統計』

　　https://www.e-stat.go.jp/stat-search/files?page=1&layout=dataset&
　　toukei=00400001&tstat=000001011528&stat_infid=000031852308

　　アクセス日2021年 2 月23日

13）刈谷剛彦『大衆教育社会のゆくえ　学歴社会と平等神話の戦後史』中央
　　公論社、1996年10月

14）橘木俊詔『格差社会　何が問題なのか』岩波書店、2007年 3 月

15）厚生労働省『国民生活基礎調査』2019年

　　https://www.mhlw.go.jp/toukei/saikin/hw/k-tyosa/k-tyosa19/dl/03.
　　pdf

　　アクセス日2021年 2 月23日

16）前掲書14）

17）厚生労働省編『令和 2 年版厚生労働白書—令和時代の社会保障と働き方
　　を考える—』日経印刷、2020年10月

18）厚生労働省『令和元年賃金構造基本統計調査　雇用形態別』

　　https://www.mhlw.go.jp/toukei/itiran/roudou/chingin/kouzou/
　　z2019/dl/06.pdf

　　アクセス日2021年 3 月18日

19）前掲書 4 ）

20）文部科学省『新型コロナウイルスの影響を受けた学生への支援状況等に

　　関する調査』
　　　https://www.mext.go.jp/content/20210216-mxt_kouhou01-000007001-1.pdf
　　　アクセス日2021年2月23日

21）コロナで雇用大幅悪化…失業率11年ぶり・求人は45年ぶりの下げ幅　読売新聞オンライン（yomiuri.co.jp）
　　　https://www.yomiuri.co.jp/economy/20210129-OYT1T50238/
　　　アクセス日2021年2月23日

22）前掲書11）

23）篠浦伸禎『美しい脳図鑑』笠倉出版、2015年4月

24）中村真哉『ニュートン別冊　人体完全ガイド―健康が維持される仕組みと病気の原因がよくわかる』ニュートンプレス、2018年5月

25）前掲書6）

26）本橋豊『夜型人間の健康学』山海堂、2002年12月

27）上田伸男編『改訂　動く、食べる、休むScience―健康づくりの生理学』アイ・ケイコーポレーション、2003年3月

28）前掲書11）

29）池谷裕二『やる気が出る「脳」のだまし方』PRESIDENT、2009年3月2日号
　　　https://president.jp/articles/-/2325
　　　アクセス日2020年11月18日

30）前掲書27）

31）ヤマハ健康保険組合『ココロにイイ！歩くと増える脳内ホルモンのリフレッシュ効果でこころもスッキリ！』
　　　https://www.yamahakenpo.or.jp/app/walking/select/heart/
　　　アクセス日2020年11月18日

32）前掲書8）

33）堀野緑、濱口佳和、宮下一博『子どものパーソナリティと社会性の発達』北大路書房、2000年5月

34）ハイメ・カスタニエダ、長島正編、高田昭彦『ライフサイクルと人間の意識』金子書房、1989年2月

35）清水克雄『ゆらぎ社会の構図―文化現象をどう読むか』TBSブリタニカ、1986年4月

36）文部科学省HP　教育基本法

https://www.mext.go.jp/b_menu/kihon/about/1354049.htm
アクセス日2021年 2 月23日

表 1　NHK特設サイト　新型コロナウイルス
　　　https://www3.nhk.or.jp/news/special/coronavirus/chronology/
　　　アクセス日2021年 2 月23日
表 2　詳説日本史図録編集委員会『山川　詳説日本史図録（第 6 版）』山川出
　　版社、2015年11月
　　　日本発達障害連盟編集『発達障害白書2015年版』明石書店、2014年 9 月
　　　内閣府『子ども・若者白書』
　　　https://www8.cao.go.jp/youth/whitepaper/h30honpen/pdf_index.
　　html
　　　アクセス日2021年 2 月23日
　　　森山茂樹・中江和恵『日本子ども史』平凡社、2010年 1 月
表 3　ハイメ・カスタニエダ、長島正編『ライフサイクルと人間の意識』金
　　子書房、1989年 2 月

生命倫理学の諸問題

元帝塚山学院大学人間科学部教授　平塚儒子

1．法と倫理

　人の集合体は社会である。集合社会が平和に過ごすにはルールが必要であり、「法」と「倫理」がある。

　倫理とは、道徳、哲学、マナーとも呼ばれている。倫理学とは、「人間はいかに生きるべきか」、人間の生き方を扱う学問であり、「生き方」、あるいは「行為の良し悪し」の倫理が問われ、その基本的な評価ないし指針であるが、強制力はない、しかしながら、倫理に反すると社会的に非難を受ける価は善悪となる。なお、倫理は共同社会の不文法であって、「ソフトロウ」と呼ばれる。

　倫理に対して、長（政府など）が定めたのが法律（成文法）である。「法」とは文章律（令）であり、公権力からの拘束力があって、違反すると刑罰が科せられる。「法」は（ハードロウ）と呼ばれる。集合社会では「倫理」と「法律」は社会が規定する生活のルールである。

　「倫理」を考えるにあたって、英国のミル（John Stuart Mill, 1806-1873）は、人々に幸福をもたらさない倫理的判断はなく、幸福を意識的に追求する中で幸福が得られるとする「功利主義」は「良し悪しの基準は、最大多数の最大幸福」であり、100人の命が助かる方法は10人の命が助かる方法よりも優れているとする結果重視の考え方で、当

事者のみの幸福でなく、関係者全体の幸福の考えを示していることである。

　「義務論」はドイツの哲学者カント（Immanuel Kanto, 1724-1804）は、人のよき志こそが最も良いことであり、「人の志、動機、義務と思える事柄を実行することが良い行いである」とする行為の動機を重視している「人格の尊重」を原理とした根本である。

　「医療倫理」は1947年にナチス・ドイツが行った人体実験の医師たちを裁いた後にニュルンベルクで発表され、実験の目的・方法・危険性などの説明を受けて同意を与える能力を持ち、束縛や強制を受けず、自由な選択権を行使出来ることを明確に示している。医療倫理が重視する内容は、医師からの自立の「自己決定」に移行したと言えるが、ここで、ヒポクラテスの医療倫理である①患者を差別しない、②人間の生命を尊ぶ、③人道に反する行為に自分の知識を用いない等は、現在の医療に重要である。

　「臓器売買に関する事件」や、現在、報道されている「新生児臍帯血の違法な投与」について、医療ルートには２つのうち、１つ目は赤十字社が運営する公的な臍帯血バンクであり厳重な管理や体制の下で、白血病など第３者に提供される。２つ目に民間が運営する臍帯血バンクがあり、第３者に提供されないとする、如何なるルートに問題が生じているか重要である。

　なお、現在は奴隷社会の時代ではない、人を人として扱うこと、人権を尊重することは当然の行為であるとされているが、昨今、社会を騒がせている問題は、仲間外れにする子ども、校内暴力、家庭内の幼児「虐待」、社会的、職場、高齢者や障害者やホームレス者への「いじめ」や、性的、高齢者や障害者の「差別」問題がある。

　「生命倫理学Bioethics（バイオエシックス）」は、「生命」に関わる

倫理学である。

　1948年12月10日、国際連合の第3回総会において、世界人権宣言が満場一致で採択されて、1950年第5回国連総会で毎年12月10日を「人権デー」と定めた。世界人権宣言は第2次世界大戦がもたらした悲劇、苦脳、破壊への深い反省から生み出されたもので、「2度と戦争を起こしてはならない」、「差別を撤廃し、人権を確立することが恒久平和に通じる」という誓いを込められていて、前文では世界の全ての人々の人権を守ることが公的に明らかにしている。

　日本の倫理的問題として、1995年東海大学安楽死事件があり多発性骨髄腫で入院していた男性に家族の要請で主治医が塩化カリウムを注射して死なせた事件で、医師は執行猶予付きの有罪となり、その判決があり、積極的安楽死4要件が提示された。

　1997年10月に「臓器の移植に関する法律」が施行に至り、その焦点は「脳死を人の死とするかどうか」ということであった。

　1997年の臓器移植に関する法律では、脳死体からの移植も認められ、脳死体もこの死体の中に含めるという表現がとられた。脳死判定は厚生省令によるもので、「臓器の移植に関する法律施行細則」(1997年10月)は「竹内基準」に準拠している。「臓器」とは、「人の心臓、肺、肝臓、腎臓その他厚生省令で定める内臓及び眼球」である。

　臓器移植や移植医療については、我が国において関心を呼んだのは脳死体からの臓器移植は、移植医療の重要な部分をなしている。その脳死は脳幹部から上の脳実質が破壊された状態で人工呼吸管理下におかれ、気管チューブを抜くと自発呼吸ができずに死に至る。

　脳死には、大脳から小脳、脳幹まですべての機能を失った前脳死と呼ばれる状態と、脳幹が機能しない脳幹死と呼ばれる状態の2種類がある。大脳が機能している脳幹死の場合でも、大脳は次第に機能を失

148

い全脳死に至る。いずれの場合も回復する可能性は低く、生命維持には呼吸器が欠かせない。

　脳死と植物状態の違いは、植物状態は脳幹の機能が残存しているために、自発呼吸もできる。心臓も動いているために、眠っているように見える。回復する可能性があること、多くが自力呼吸をしている。[1)]

図1　脳死の症状

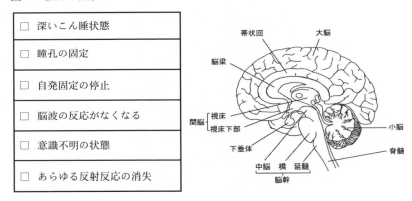

| □ 深いこん睡状態 |
| □ 瞳孔の固定 |
| □ 自発固定の停止 |
| □ 脳波の反応がなくなる |
| □ 意識不明の状態 |
| □ あらゆる反射反応の消失 |

　臓器移植が比較的安全で有効な治療法として受け入れられたのは、2005年度の腎移植の場合、移植待機者は、約1万2,000人に対して腎移植実施者は900人であった。現在も臓器提供者（ドナー）の不足は常態となっている。この状態は欧米でも同様となっていて、一部では臓器売買が社会的倫理問題となっている。なお、骨の癌の有効な治療の一つである骨髄幹細胞移植においても、ドナー不足をきたしている。そこで、骨髄移植や心臓、腎臓移植などの「移植医療」は脳死患者からの（ドナー）不足をきたし問題は深刻である。

　一方、臓器を受け取る側の（レシピエント側）の問題も、一生、免疫抑制剤の投与をする事は免疫の抑制は病気の抵抗力を弱めることにな

る。その一方で、近年、臓器移植のドナーの問題克服のために、移植する細胞や組織を作り出す試みが「再生医療」である。

2．新薬開発の生命倫理について

　現在、新型コロナウイルスによる感染症（COVID-19）によるワクチンや治療薬の期待が高まる中で、WHO（世界保健機関）はイギリスで見つかった変異ウイルスについて、ファイザー、モデルナ、それにアストラゼネカのワクチンの効果について大きな影響はないとしている。

図2

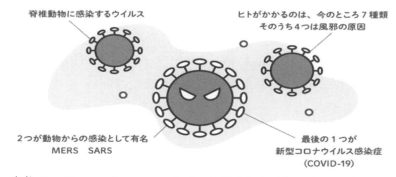

参考https://www.ecdc.europa.eu/en/covid-19/latest-evidence/coronaviruses

図3

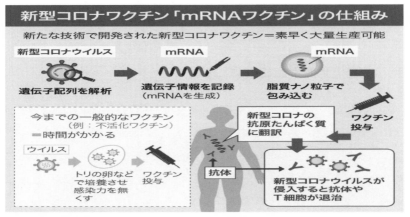

制作協力：忽那賢志

　新薬や医療新技術のヒトへの適用については、動物実験で安全性を確認する基礎実験を終えた後に、そのデータを添えて臨床研究（治験）計画書を厚生労働省・医薬医用機器総合機構に提出して実施の許可を得なければならない。治療計画は「実験実施に関する法律；GCP」でもって規制されている。新薬については、販売までに第1相、第2相、第3相試験を段階的に行って有効性と安全性が確認されてゆく。ついでその結果を厚生労働省に提出して新薬としての販売承認を得ることになるが、その試験には日本では最低3年かかる。基礎研究を含めるとざっと7〜8年かけてやっと新薬が日の眼を見ることになるし販売後も市販後試験（第4相）が課せられていると巽典之が表している。[2]

　ちなみに、「2006年英国でのTGN142と呼ばれる抗ヒトCD28モノクローナル抗体の治療についての例であるが、慢性リュウマチや慢性リンパ性白血病への特効薬としての期待をかけた臨床治験がおこなわれた時、予想もしないことがおこり、動物実験により安全性が確認され

たにも関わらず、実験投与の 6 人の被験者全員において投与 1 時間後に、悪寒戦慄を伴い死線を彷徨う重篤な副作用が生じてしまった」。

　治験が開始された後に、治療過程に有害事象が発生した時は、被害者への対象と治療を実施すると同時に有害事象を報告し継続の可否を定める。治験終了時には症例報告書と治療薬が回収され、治験計画で病院側に伝えていなかった容量などの情報がオープンにされ、有効性や安全性の評価が行われる。

3．人体発生とロングフル・ライフ（wrongfullife）

　1962年フランスで、ペリッシュ夫人が妊娠後、風疹にかかり、中絶を希望した。主治医は血中抗体化が高いことから中絶を拒否した。しかし生まれた子供は奇形であったことから夫人と子どもが主治医を訴えた。

　これに対しフランス大法廷は、「奇形出生を避けるための中絶を妨げたために障害を生じたのは、過失であるから賠償すべきである」とした。ところが、フランス議会は2003年に「患者の権利および保健制度の質に関する法律」を施行した。これは同様の訴訟を制限すると同時に障碍者に対して国民全体による援助を規定したものであることから反ペリッシュ法と呼ばれている。

3－1　ロングフル・ライフ・出生前遺伝子診断・妊娠中絶論争
　○カトリック教会法（カノン法）「胎児は人と同じで、堕胎は殺人とみなす」
　○プロライフ「胎児は生命を有するから中絶は殺人である（pro-life, right to life）（カトリック）。

○プロチョイス「出生選択権は女性にあり、希望すれば許可される
べきである（pro-choice）（プロテスタント）。

○1900年代初頭は優生思想で中絶決定権は国・医師にあった。

○1994年ICPD；人口と開発に関する国際会議「妊娠した場合、出
産するかどうかの選択権は女性の基本的人権のひとつ」である
（リプロダクティブ・ライツ）。

○米国では、ブッシュ大統領は中絶反対派である。

○中国は中絶を容認している。

○日本やタイでは、条件付き承認である。

3-2　優生学の基礎は進化論である

19世紀に戻る。ダーウィン自身の意図はどうであれ、その後の生物
進化学の議論は「強いものは生き残っていき、弱いものは滅んでいく、
それによって進歩がもたらされる」という考え方が正しい人間社会の
あり方だと短絡されていった。さらには「強いものは → 正しいもの
→ 存在して良い」「弱いものは → 正しくない → 存在してはいけ
ない」という考え方に馴染んでいくことになっている。競争社会にお
いて、弱者や少数者を切り捨てる差別意識に科学的な装いを持たせる
考え方に繋がっていくことになって、いずれにしても優生学は、人間
の遺伝的改良を通じて、社会のありようを変え、理想的な社会を目指
す科学として受け止められ出発したものである。19世紀後半から20世
紀初頭にかけて、政治的には進歩的な科学者や知識人にも影響をひろ
げていくことになった。

3-3　優生学の分類

優生学には「積極的優生学」と「消極的優生学（禁絶的優生学）」に

分けられている。積極的優生学は、人類集団の中のすぐれた遺伝子を増やそうとするもので、知能指数の高い者、健康な者、優れた才能の持ち主の結婚・出産を奨励することであり、一方で消極的優生学は、劣った遺伝子を減らそうとするものであり、断種や妊娠中絶を通じて、障害者や精神病患者、アルコール依存者、犯罪者などが子孫を残さないようにする措置であった。

　しかしながら近年、日本における遺伝子診断、遺伝子治療、出生前診断などの先端技術は、私たちの生活に密接に関わる時代になってきた。

　1．新型出生前診断の結果を受けて染色体異常の胎児の中絶をした人が多くいたが、重い決断だっただろう。今後、新型出生前診断を受ける人に対するカウンセリングを充実させるべきである。

　2．新型出生前診断は、障害による「命の選別」という問題を抱えている。障害者を排除せず、共に生きる社会の在り方を考えるべきである。

　1．は、胎児の障害に基づき女性が中絶をすることを、称賛はしていないものの、理解を示すことで少なくとも許容しているように読める。一方、2．は、障害に基づく中絶は「命の選別」であり障害者差別であると問題視している。この2点は、それぞれはもっともらしい主張だが、両者の間には明らかな緊張関係がある。実際、イギリスやオーストラリアでは性別に基づく中絶が禁止されている。米国のいくつかの州では、性別、人種、皮膚の色、障害などを理由に中絶することを禁じている（ただし、その合憲性をめぐっては争いが起きている）。また、その実効性は大いに問題があるものの、インドや中国などでも性選択目的での出生前診断は禁止されている。

3-4　取りうる3つの選択肢

　性別に基づく中絶に対しては「許されない」と考え、ダウン症など
の障害に基づく中絶に対しては「望ましくないが許容できる」と考え
ているとしよう。すると、あなたは障害者差別について、女性差別ほ
どには真剣に考えていないことにならないだろうか。このような批判
は、実際にダウン症の子どもをもつ親が主張することである。それで
は、どうしたらよいのだろうか。ここで取りうる選択肢は、次の3つ
である。

　①性別に基づく中絶も、障害の有無に基づく中絶も、いずれも許容
　　する
　②そのいずれも許容しない
　③性別に基づく中絶は許容しないが、障害の有無に基づく中絶は許
　　容する

　①と②は一貫性があるが、いずれも極端で受け入れにくい。③は現
状に即していると思われるが、よく考えると「障害者を差別してはな
らない」という規範に抵触するように思われる。

3-5　選択的妊娠中絶がもたらすジレンマ

　どの選択肢も一見して受け入れがたく見えるのは、この選択の背後
には困難なジレンマが潜んでいる。一方で、「女性の自己決定権」を
尊重するなら、中絶を女性の権利として認めることが正しいように思
われる。その場合は、胎児が障害をもっていたり、望まれない性別で
あるという理由から中絶することも容認してもよいと思われる。他方
で、「正義や公正の価値」を重視するなら、人種や性別、障害の有無
による差別的扱いに反対することが正しいように思われる。しかし、

　その場合は、人種や性別、障害の有無などの理由から中絶を選ぶという選択を認めることは困難である。女性の「自己決定権の尊重」と、「正義」や「公正」の価値の重視は、我々の多くが認めるところである。しかし、このように、新型出生前診断がもたらす選択的妊娠中絶の問題は、その2つの価値が衝突する可能性を含んでおり、我々に難しい選択を突き付けている。

3 − 6　ヒトES細胞（Embryonic Stem cell：胚性幹細胞）とiPS細胞（人工多機能性幹細胞）

　人を誕生させるための生殖技術の進展、人工妊娠中絶、遺伝子技術の展開から全ての細胞になれるiPS細胞（人工多機能性幹細胞）は、体中のあらゆる細胞に変化ができ、増殖できることで機能を損なった組織にiPS細胞から細胞を移植する再生医療が進んでいる。この許容基準を明らかにする目的で、「何が正しい」か「何故それが正しいか」を考える他者危害原則学問と言える。

　ヒトES細胞（Embryonic Stem cell：胚性幹細胞）は再生医療の切り札とされているが、ヒトES細胞は排卵誘発で得た卵子を試験管で対外受精を行い、体外受精を行った夫婦から提供を受けた余剰胚を試験管の中で初期胚（胚盤胞）まで育てたうえで、バラバラにほぐして取り出すものである。

　この問題の一つは子宮に戻せば"赤ちゃん"になる胚を壊すことになり、余剰胚の多くは廃棄される運命にあるとはいえ、人になる「倫理問題」の批判は根強い問題である。

　もう2つ目の壁は、ヒトの免疫系は異物を排除するようにできている、その他人の余剰胚であるES細胞を異物とみなし、拒絶反応がある。

　1週間かけて、卵管を下り、子宮内膜へと移動する。胚盤胞は着床し胚は中空の構造をもった胚盤胞となり、その一部から胎盤および将来の胚子を包む膜が形成される。2週目には胚盤胞は着床し子宮内膜の壁中に入り込む。

　そこで、2006年8月には胚を使わないiPS細胞（induced Pluripotent Stem cell：人工多脳性幹細胞）多脳性幹細胞を誕生させた。しかし大きな期待を集めるiPS細胞も課題として「癌化」をどう避けるかという問題も残されている。

　欧米の「生命倫理学」は人間の尊厳に対し、受精卵や胚、胎児について議論されている。生命の尊重は重いものであり、「いつ人間の生命が始まるか」という合意を得ることは難しく法的に言って、胎児は十分な意味では認められていなかった。現在の日本において、母体保護法の条件を満たせば、胎児を人工的に取り出すことができ、国家レベルから個人レベルに適用されてきている。胎児がダウン症であることを理由にした中絶が個人レベルで判断されて、「中絶」することは母親の問題だけにされている。出生前診断の結果胎児に異常があった場合、医師は親に説明するが、親にとっては十分な理解ができないまま、精神的な動揺が強くなり、日本では検査結果で、陽性者の93％は中絶されている。

　この理由として、障害者が、十分に社会参加できる世の中は進んでいないため、障害者は健常者とは別の人間だと思われ、付き合いは特別視されている。

図4

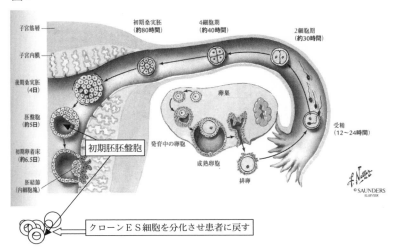

子宮筋層
子宮内膜
初期桑実胚（約80時間）
4細胞期（約40時間）
2細胞期（約30時間）
後期桑実胚（4日）
卵巣
胚盤胞（約5日）
初期卵着床（約6.5日）
初期胚胚盤胞
発育中の卵胞
成熟卵胞
排卵
受精（12～24時間）
胚結節（内細胞塊）

クローンＥＳ細胞を分化させ患者に戻す

　この障害者の解消のためには、様々な個性をもつ人々が平等に参加機会を得られる社会の創設が急がれる一方で、子どもの人権は出生前遺伝子診断・妊娠中絶の是非が論争になってきている。なお、体外受精による妊娠成功率は25％で、第3者からの精子・卵子・胚の提供を厚生労働省生殖補助医療部会が具申しているが国からの許可が出ていない。

4．"しつけ"の倫理的善悪について

　倫理の善悪は、環境・風土・社会・政治・宗教・歴史・文化によって定まっていることから、社会倫理的な善悪の判断は微妙に異なっている。

　倫理は道徳やマナーともよばれ、3歳を過ぎた幼児後半のしつけを

施し、賞罰ではなく善悪を教える「しつけ」であり、子どもの意に添わなくても「しつけ」があり、親子間にそれを補って余りあるほどの愛着関係が築かれることが絶対的に必要な条件である。愛情をもってタイミングよく行う“しつけ”は社会適応の基礎を育てる上で重要な子育てである。この幼児期の後半の“しつけ”は学童期に続くことになって、学校という大きな社会集団で、自己の意識ができて、善悪ができて、ストレスに耐える勇気と行動を獲得することになる。“しつけ”による社会的習慣化は「道徳意識」や「人格の発達」につながることは竹下研三が示唆している。

　「道徳意識」は「倫理」を形成する基礎となり、倫理は社会ルールであるが、倫理基準は帰属社会により異なる。図5は規範的な倫理について、中国天津市と日本の、「道にゴミを捨てる人を注意する」ことに対しての社会倫理的な判断のあり方を示したものである。

4－1　“道にゴミを捨てる人を注意する”中国天津市と日本の倫理比較

　道徳は倫理学の基本的なテーマでもある。その判断は善か悪かになる。道徳意識の内在化を図るためには最初は親からのしつけであり、自身の内在化された後、良心となり、人間愛と生命尊重となる。

　「道にゴミを捨てる人を注意することは良いことであるか」のマナーについて、中国天津市と日本の比較において、日本の最多は、「道にゴミを捨てる人を注意することは良いことだと思うが行わない」86.3％と、極めて多く、次いで「道にゴミを捨てる人を注意することは良いこと思うし、よく行っている」7.2％で、最少は「良いことだと思わないので、行わない」と「良いことだと思わないが、行っている」は2.7％であった。

図5　道にゴミを捨てる人を注意する中国天津市と日本の比較

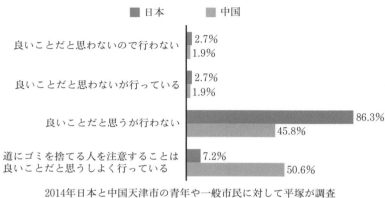

2014年日本と中国天津市の青年や一般市民に対して平塚が調査
n＝中国308　日本n＝589　**　p＜0.001

　中国天津市においての最多は、「道にゴミを捨てる人を注意することは良いこと思うし、よく行っている」50.6％で、「道にゴミを捨てる人を注意することは良いことだと思うが行わない」45.8％であり、最少は「良いことだと思わないので、行わない」と「良いことだと思わないが、行っている」1.9％であった。

　自身の規範意識があって行動している者は、日本人は、「道にゴミを捨てる人を注意することは良いこと思うし、よく行っている」者は7.2％の者である。一方中国天津市は、「道にゴミを捨てる人を注意することは良いこと思うし、よく行っている」者50.6％であることは、自身の規範意識と行動力は中国が高かった。

　逆に日本人は、「道にゴミを捨てる人を注意することは良いことだと思うが、行わない」86.3％であった。中国天津市は「道にゴミを捨てる人を注意することは良いことだと思うが、行わない」者45.8％であった。このことは、自身の規範意識があるが、社会秩序の意義を行動に移せない問題がある。

　人間が集団の中で生きていくには自らを社会化させなければならない。社会化とは、個人が他者と関係を持つことで進化させる人間の自覚である。

　次に、生命倫理基準は国際的にほぼひとつであり、「人の命と個の尊厳を大切にする」ことであるが、各国の事情もあり困難なことも考えられる。

5．"いじめ"の生命倫理について

　今日、世間を騒がせているのは、「いじめ」や「差別」の問題である。いじめの方法は、身体的暴行、精神的暴行として、無視、悪口、告げ口、罵倒、叱責、体罰、非倫理的行為の強制、つきまとい、いやがらせ、セクシャル・ハラスメント、ストーカー行為などである。

　いじめの対策として平成24年7月に滋賀県大津市の自殺事案について、報道があった。

　平成25年2月に教育再生実行会議第1次提言があって、社会総がかりでいじめに対峙していくための基本的な理念や体制を整備する法律の制定が必要となり、平成25年6月21日に「いじめ防止対策推進法」が成立して、同年6月28日公布、9月28日に施行された。

　いじめの防止等のための基本的な方針

　①いじめの防止等のための基本的な方向に関する事項

　②いじめの防止等のための対策に関する事項

5－1　その他いじめの防止等のための対策に関する重要事項

　10月11日に策定されて同日に各都道府県教育委員会へ通知発出して

周知された。

　いじめの定義として、「いじめ防止対策推進法」(平成25年)『児童等に対して、当該児童等が在籍する学校に在籍している等当該児童等と一定の人的関係にある他の児童等が行う心理的又は物理的な影響を与える行為（インターネットを通じて行われる者を含む。）であって、当該行為の対象となった児童等が心身の苦痛を感じているもの』としている。

　人間の最も忌むべき性質、「いじめ」は、学校、地域社会、グループ活動で、弱い者、無力な被害者に対して、心理的、肉体的攻撃を繰り返して楽しむ行為である。いじめについては、人は他人と違う点を、他人に誇示したがる性質があって、その方法は、「身体的暴行」や「精神的暴行」として無視、悪口、告げ口、罵倒、叱責、体罰、非倫理的行為の強制、つきまとい、いやがらせ、セクシャル・ハラスメント、ストーカー行為があるが、日本の昔のガキ大将は、負けの動作を示した相手には、さらに攻撃を加えて痛めつけることはなかった。

　しかし人以外の動物の世界には「いじめ」は存在しないし、また動物の攻撃相手は自分と同じ仲間に限られていて、成体同士の争いで、殺すことはあり得ない。その動物に見られる攻撃性は本能であって、自殺は人間に限られている。

　人間は「虐待」や「差別」を受けることに苦しみを感じるにもかかわらず、その苦しみを解放する方へまわる、もう一方は苦しみを与える方へと回る二面性がある。

　人以外の動物には当事者同士のトラブルにとどまり、第三者の存在を意識して行動するまでに至らない、第三者の存在（傍観者）を意識して行動するまで進化していない。「周囲がいじめっ子に冷たい目を向ければ、いじめはやめ、見て見ぬふりをしていたり、面白がってい

ると、『いじめ』は定着する」と正高信夫は表している。

　なお、自分より弱い者を迫害する問題をストーは攻撃心と復讐心で捉えている。この２つを含むと憎悪に転じ、憎悪が弱い者いじめへと駆り立てるという。恥辱に対する復讐心が「いじめ」を生み出しているとされ、最近のいじめは「遊び型」が増え、被害者への共感や同情が少なくなっており、いじめは相手を死に追いやる事件が多く報道されている。

　従来から、「いじめ」の加害者は、傍観者、被害者だった者が、加害者になっているとされてきた。しかし、筆者の調査において、いじめの「加害者」は、いじめの「傍観者」であった者57.6％は、いじめの「傍観者」でない者42.4％よりも多く、いじめを受けた「被害者」76.5％は、「いじめを受けていない者」23.5％よりも多かった。いじめ・いじめられる関係は、家族の中に起源を持つと指摘されているが、日本社会は何をしても、周囲の人たちは、気付かないふりをしていて、日本社会は社会から善悪の"けじめ"を失わせている。叱りたい、注意しなければならないと思っていても、その気持ちを抑えて黙っている。この見て見ぬふりの横行する社会を「許容社会」と称する。逆にやりたくない事は何もしなくても、自分の勝手であり、それを叱られたり注意したりするのは「お節介」とされ、学校でも、「気がつかなかった」と釈明する。

　家庭でも親は子どもの要求は何でも聞き、しつけは、大目に見る。なお、しつけは、倫理の基礎をなしているのであり、"いじめ"も倫理問題であり、日常的なストレスを仲間に向けて、相手の立場に立てない行動を生じさせている。

　平成25年「法律第71号・4号」で、いじめ防止対策推進法によって、加害児童等に対する懲戒処分・出席停止について言及されている。

5－2　"いじめの加害者"と"いじめをしていない者"のいじめの影響

　自分よりも弱い立場の者に対して、心理的あるいは肉体的攻撃を繰り返し、相手に大きな苦しみを与えるのが"いじめ"であると言える。しかし最近は被害者への共感や同情が少なくなっていて、いじめがエスカレートして、相手を死にやる悲しい事件が後を絶たない。

　いじめは、傍観者も含めて加害者が多数いることや、被害者だったものが加害者になることで、教師や親たちにも発見しにくく、事態が深刻化しやすいと浜村芳久が表わしている。従来から、いじめの加害者から、傍観者がいじめを同調していると、ひとまず世間から排除されることはなく、いじめを容認する側に回っていく心理が働くと正高信男は示唆していう。しかしながら、筆者の調査によれば、いじめの加害者になる者は傍観者であった者58.3％よりもいじめを受けた被害者76.2％の方が多く、いじめの被害者が、恥辱を受けた過去に対する復讐が、その恥辱に対して復讐しようとする欲求が心の憎悪と攻撃心を持ち、さらに弱い者へいじめの行動へと駆り立てていると考えられる。

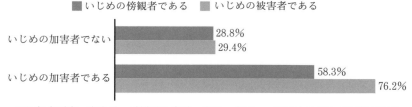

図6　いじめの加害者はいじめの被害者が傍観者よりも多い経験者であった

2013年大阪府、奈良県、愛媛県の中学・高校・大学・一般成人に対して平塚が調査
n＝1240　＊　p＜0.01

5－3 いじめが及ぼす影響

いじめをした加害者といじめをしていない者の、いじめの影響については、いじめをした加害者の最多は、「自分が何かを達成したり、成功した経験がある者」90.6％、次いで、「いじめを受けた被害者」76.5％、「いじめの傍観者」であった57.6％、「不登校や引きこもりの経験がある者」31.8％の順で、最少は「ありのままの自分を受け入れてくれる仲間や集団がいない者」23.6％であった。

逆に、いじめをしていない者の最多は、「自分が何かを達成したり、成功した経験がある者」81.3％、次いで、いじめを受けた加害者」29.2％、「いじめの傍観者」であった28.9％、「不登校や引きこもりの経験がある者」20.7％の順で、最少は「ありのままの自分を受け入れてくれる仲間や集団がいない者」12.8％で"いじめの加害者"と比較すると極めて低い状態で有意な差があった。

図7　いじめが心身や行動に及ぼす影響

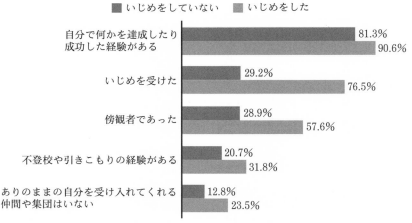

2013年大阪府、奈良県、愛媛県の中学・高校・大学・一般成人に対して平塚が調査
n＝1240　＊　p＜0.01

6．インフォームド・コンセント（説明と同意）、情報公開、カルテ開示、守秘義務

　1803年、パーシバルによって、古典的ヒポクラテス思想と医師―社会（資本）関係が融合された。その後、資本主義の発展に伴い医療は富裕層の個人的なものから社会的な存在へと変化していった。そして病院型医療が確立され、そこでは医療倫理を取り組むことで、医師の能力を最大限発揮できるようになり、専門職としての医師が優位であるパターナリズムが出来上がったのである。

　ナチスの人体実験が裁かれて、出来上がったニュルンベルク綱領（1947年）は医師の無条件的な人体実験を禁止すると同時に、人体実験の必要性も認めたのである。その後に出来上がったのがヘルシンキ宣言である。ここでは人体への新治療を行うときには①実験内容と予期される結果の十分な説明（インフォームド・コンセント）と、②被験者からの自発的同意が必要であるとした。そして1970年ころは一般医療にも適用されるようになり、米国医師会は「AMA1980年原則」とし、そこでR-M・ヴィーチは「権利」という用語を初めて使用した。1962年米国ケネデイ大統領は「消費者の権利保護に関する大統領特別教書」を議会に提出した。

　①安全性を求める権利（safety）

　②知らされる権利（inform）

　③選択する権利（choose）

　④意見を聞いてもらう権利（be heard）

が消費者にあると記したことは患者の権利意識の確立に貢献している。

　1950〜1970年頃の世界的な人権意識の高まりや、障害者自立運動や人種差別撤廃運動が患者の人権を認める背景ともなっている。日本医

師会はその歴史を踏襲し、インフォームド・コンセントの考え方を明示している。

インフォームド・コンセント（informed consent）は、日本語では「十分な説明を受けた上での同意」、あるいは簡単に「説明と同意」と訳される。「医療関係者と患者および家族との間の、円滑な対話と同意」のことであることを、巽典之が表している。[3]

インフォームド・コンセント（informed consent）、の対比はパターナリズム（paternalism）とは父ないしは神父を意味するpaterからきており、父権主義などと訳される。医療においてパターナリズムとは医師が患者に対して、父が子に対するように接することをいう。医師は「患者を愛し」、「気づかい」、「いたわる立場にある」。しかし患者は幼い子供とは違う。医師は患者に対して理論や道理によって接し、理解や同意を得て医療をすすめなければならない。過去の医療ではパターナリズムの傾向が強かったが、現代の医療にあっては、パターナリズムはおおむね批判の対象であると今井道夫が表している。[4]

7. 虐　待

乳幼児は本能的に親を頼りにして何かを訴えるときには泣き叫ぶ。しかしその意味が分からない親が増えている。うまくいかない子育て、募るイライラ、徐々に追い詰められていく気持ち、そんな時に泣き叫ばれてしまうと、「今どうしてよいかわからない」未熟な親。だが、かつて日本の地域社会は、お互いが何かに困っていると、自然に声を掛け合い助け合った。

7−1　虐待により感情のコントロールができなくなる子ども

　乳幼児期は泣いて食べ物を要求して、親からもらう、その繰り返しの中で子は親を信頼できる対象としてじぶんのなかに刷り込んでいく。そしてそのうち摂食に関する規則的なルールが出来上がっていくそれがしつけである。大便、小便など排泄に関することも子どもの社会化が進んでいく。フロイトの発達理論における０〜５歳の口唇期、肛門期、男根期にあたる。

　子どものしつけで大切なのは愛情であり、信頼関係である。社会的ルールを教えられるとき、叱られても親の愛情を感じていれば、子どもは安心する。しかし、信頼関係を破壊して子どもの感情表現を不安定にする。子どもに残るのは強烈なトラウマである。トラウマを抱えた子どもは感情のコントロールが不得手のまま大人へと成長して、他者の言動に過敏過剰に反応する。その過剰反応のひとつがメニンガーの「殺したい願望」の表れとなって攻撃的になるのではないかとされ、黙り込む反応は、反抗すれば虐待を受けるという恐怖の経験則がそうさせている。フロイトは「反復強迫」概念で、トラウマとなった体験を脅迫的に繰り返すことによって、苦い体験を克服しようとすると示唆している。

　厚生労働省によると、全国の児童相談所が2019年に児童虐待として対応した件数は19万3,780件にあがっている。1990年度の統計開始以来29年連続で最多を更新した。厚労省によると、身体、ネグレクト（育児放棄）、性的、心理的の虐待４類型のうち、最多は心理的虐待で、10万9,118件で、全体の56.3％だった。情報の経路は、警察の通報による対応が年々増え、19年度は９万6,473件、全体の49.8％で10年前の15倍近くになっている。心理的虐待に分類される、子どもの前で家族に暴力をふるう「面前DV（ドメスティックバイオレンス）」の警察

からの通報が目立つ。次いで、身体的虐待で、 4 万9,240件 (25.4%)、ネグレクト 3 万3,345件 (17.2%)、性的虐待2,077件 (1.1%) であった。情報の経路別で警察の次には、近隣知人の 2 万5,285件 (13.0%)、学校 1 万3,856件 (7.2%) となった。

図8　虐待相談処理数

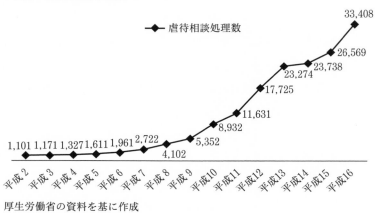

厚生労働省の資料を基に作成

7－2　虐待の兆候

　下にあげる虐待の兆候は、筆者が英国のエイジコンサーン・イングランドでトレイナーとして、研修を受けた際、示されたものである。

　虐待の一般的な兆候

　　拳骨を突き出す動作

　　もみ手をして苦痛を示すしぐさ

　　いったり来たりする

　　ドアを大きな音を出して閉める

　　物をたたいて大きな音を出す

　　歯ぎしり

顔を赤らめる

顔色が悪い

嚙みつくような言い方

引きこもり

激昂する

落ち着かない態度

大声で泣き叫ぶ

沈黙―震え

おおげさな動作

混乱した話の調子

じっと見つめる

直前のことの取り違え

虐待の兆候・前兆

肉体的虐待

いつ起きたか明確にできない傷

自分自身で加えた傷

顔、唇、身体、背中などにある説明のつかないあざや裂け目

治りかけの色々なあざ、何かの物か指跡など一定の形の跡

説明のつかないやけど、特に足の裏、手のひら、背中のもの、カーペットによるもの

栄養不足―急な、または継続的な体重減、食事量の不足、脱水症状、空腹の不平

介護の不備、薄着または不適切な衣料、暖房不足

投薬のミスの兆候

8. 生命倫理学の諸原則

　生命倫理学は医療の問題が中心にあったが、バイオエシックスという言葉を最初に使い始めたのは、ヴァン・レンセラー・ポターである。彼にとって、生命倫理学は、未来へと橋を架けるもので、「生き残りの倫理学」とも言っている。「道徳的価値と原理によって、検討されるような人間行為を体系的に研究する学問」と定義している。

　日本社会での生命倫理学は、日本社会の基本となる憲法の上に成り立つルールであり、特に権利と義務、人権、自由と法律遵守、人権差別と平等である。基本的人権を侵害することなく、「公平性」と「公明性」に注意をする必要があるといえます。

　人間の生き方について問題にする時、その生き方、あるいは行為の善、悪さが、問われる。共通に守らなければならない規範（コード）が必要であるので、「人間は倫理を必要とするのである」。一方、「動物の生命力、あるいは、なぜ動物は倫理を必要としないのか」は、自然の動物が生きていくには、自然の掟があるだけであって、自然の「法則」があるだけで、倫理的なものは存在しないのである。

　人の倫理は、最初、親からの乳幼児期のしつけは、ありあまりある愛情によってしつけが可能になり、その後、教育の現場において、道徳教育が可能になって、教育の現場においては知識に偏ることなく、児童、生徒、学生の人格の陶冶に向けて教育が施されて、人は自身によって一生をかけて完成させていくのである。

　社会的ルールである倫理基準は帰属社会によって異なるが、生命倫理基準は国際的にほぼ一つである。そこで、世界人権宣言により基本的人権の尊重により、加盟国は人権を侵害することなく、公平性と公明性を注意して、人の命と個の尊厳性を大切にする必要がある。

　第2次世界大戦までは、個人よりも家族、会社、社会、国家といった集団を優先された社会であった。戦後、教育現場では、封建的として否定された。

　しかし、日本人は集団の中で役割を果たして、全力を尽くした後にそのつらさから解放されて、涙を流してお互いのために幸せ感を通じあうのである。自分の課題、目標が達せられたときは、快を得ることができる。涙を流して喜ぶ児童、生徒、学生の姿は、教師をしていてよかったと感激する自然の場でもある。相手との感動ある人間関係があれば、孤独も、ストレスも吹っ飛んで行くのである。人の命と個の尊厳性を大切にする教育がある。

【注】
　1）米山公啓、脳の不思議、宝島社、2014年10月
　2）巽典之、生命倫理学入門、シメックス株式会社　学術本部、2007年
　3）巽典之、生命倫理学入門、シメックス株式会社　学術本部、2007年第1版
　4）今井道夫、生命倫理学入門、産業図書株式会社、2003年4月

【著者紹介】

平塚儒子（ひらつかじゅこ）

大阪府立高等学校同和教育研究会、障害者担当理事（1985～1998年3月）

長崎純心大学大学院人間文化専攻科博士前期課程（2002年4月～04年3月）

四天王寺国際仏教大学大学院人間社会学研究科博士後期課程（2004年4月～2009年3月）

帝塚山学院大学人間科学部心理学科教授（2009年4月～2014年3月）

著書に『「社会的脱落層」とストレスサイン―青少年意識の国際的調査から』（時潮社）、『実践的「親学」へ』（監修・編、時潮社）、『子育て支援』（監修・編、時潮社）、『自己回復と生活習慣』（編著、時潮社）、『医療を学ぶ学生のための解剖の手引き』（共著、時潮社）、『人体発生学と生命倫理』（共著、時潮社）

宇城靖子（うしろせいこ）

放送大学大学院 文化科学研究科前期課程（2008年4月－2010年3月）

糖尿病、合併症予防、低血糖を引き起こす人へのサポートの必要性について、糖尿病療養指導士（2005－2015）として、人々に寄与した。さらに、合併症予防として脳血管性疾患、その影響による認知症予防、心疾患予防を研究課題としている。

東京医療保健大学和歌山看護学部看護学科准教授

著書『自己回復と生活習慣』、『人体発生学と生命倫理』、時潮社、分担執筆

加瀬由香里（かせゆかり）

学校法人帝京科学大学　帝京第五高等学校看護科教諭（2013年4月～2017年3月）

長崎純心大学大学院人間文化研究科人間文化専攻博士前期課程修了（2016年4月～2018年3月）

明治国際医療大学看護学部助教、現在に至る。

不安・孤独・健康と生命倫理

2021年9月24日　第1版第1刷　定　価＝2800円＋税

編著者　平　塚　儒　子　Ⓒ

発行人　相　良　景　行

発行所　㈲　時　潮　社

174-0063 東京都板橋区前野町 4 - 62 - 15
電　話　(03) 5915 - 9046
ＦＡＸ　(03) 5970 - 4030
郵便振替　00190 - 7 - 741179　時潮社
URL http://www.jichosha.jp
E-mail kikaku@jichosha.jp

印刷・相良整版印刷　製本・武蔵製本

ISBN978-4-7888-0753-2

時 潮 社 の 本

「社会的脱落層」とストレスサイン
青少年意識の国際的調査から
平塚儒子　著
Ａ５判・上製箱入り・184頁・定価2800円（税別）

何が、「社会的脱落青年層」を生み出しているのか？　世界７カ国で実施したストレスサイン調査により、日本の青年の深刻さを析出した著者の研究成果は、国の今後の青少年対策に多くの示唆をあたえている。

子育て支援
平塚儒子　監修／編
Ａ５判・並製・192頁・定価2000円（税別）

「虐待」「いじめ」「自殺」「不登校」「ひきこもり」……、今、日本の子育てをめぐる環境は厳しい。家庭と社会のパートナーシップのもと、「社会の子」として育んでいけるよう、さまざまな観点から"子育て"を考える。

実践的「親学」へ
平塚儒子　監修／編
Ａ５判・並製・180頁・定価2500円（税別）

周囲が気づかぬままに進行するいじめやハラスメントは加害者/被害者ともに取り返しがつかないほど深刻な状態をもたらす。時として気づかずに相手を傷つけている悲劇から逃れるためにも、本書は私たちに大いなる教訓と対応を指し示している。いま、親として子どもにどう向き合うのか。中国での経験をも踏まえて、新しい回答を提示する。

自己回復と生活習慣
平塚儒子　編
Ａ５判・並製・272頁・定価2800円（税別）

本書は人が持つ潜在的な能力に着目し、現代のなかで、どのように生活を再構築すれば健康を取り戻すことができるかについて多方面から積み重ねた論考である。本書を手掛かりにより本物の健康を取り戻していただければ、著者一同望外の喜びである。